市场调研与实训

主　编◎刘　畅
副主编◎宋凤仙　张颖异

华中科技大学出版社
http://press.hust.edu.cn
中国·武汉

内容提要

本书以系统性与实践性的高度融合为特色。在内容编排上，依据理论基础、数据收集、数据整理与分析与调查报告的逻辑结构，系统构建了市场调研的知识体系与实训内容。本书注重对读者参与市场调研工作实践操作能力的培养，不仅可以帮助读者全面掌握市场调研的理论知识体系，更能借助丰富的实训环节，让读者将理论知识转化为实践操作能力，从而切实提升读者的专业技能，以更好地满足社会和企业的实际需求。

本书既适用于市场营销、工商管理等专业的本科教学，也能为市场调研等相关行业的从业者提供有价值的借鉴与参考，帮助其在工作中不断提升业务能力和工作质量。

图书在版编目(CIP)数据

市场调研与实训 / 刘畅主编 . -- 武汉：华中科技大学出版社，2024.12. -- (应用型本科高校"十四五"规划工商管理类专业实验实训数字化精品教材). -- ISBN 978-7-5772-1487-0

Ⅰ. F713.52

中国国家版本馆 CIP 数据核字第 2025H1M086 号

市场调研与实训　　　　　　　　　　　　　　　　　　　　　　　　　刘　畅　主编
Shichang Diaoyan yu Shixun

策划编辑：杨　玲　肖丽华
责任编辑：林珍珍
封面设计：廖亚萍
责任监印：周治超
出版发行：华中科技大学出版社（中国·武汉）　　电话：(027) 81321913
　　　　　武汉市东湖新技术开发区华工科技园　　邮编：430223
录　　排：华中科技大学出版社美编室
印　　刷：湖北恒泰印务有限公司
开　　本：787mm×1092mm　1/16
印　　张：7.5　　插页：1
字　　数：140千字
版　　次：2024年12月第1版第1次印刷
定　　价：45.00元

本书若有印装质量问题，请向出版社营销中心调换
全国免费服务热线：400-6679-118　竭诚为您服务
版权所有　侵权必究

  作为一名在高校工作多年的教师，我诚挚地向广大读者推荐这本《市场调研与实训》教材。在当前高速发展的市场环境下，市场调研的重要性日益凸显，尤其是对于应用型高校本科生而言，掌握此项技能对其未来职业发展具有重要意义。然而，传统的市场调研教学模式往往过于注重理论传授，而忽略了对学生实践操作能力的培养，导致许多毕业生在步入职场后难以胜任实际的市场调研工作。有鉴于此，这本新编教材应运而生，旨在弥补这一教学领域的不足。

  这本教材以系统性与实践性的高度融合为特色。读者通过深入学习，不仅可以全面掌握市场调研的理论知识体系，更能借助丰富的实训环节，将理论知识转化为实践操作能力，从而切实提升自身的专业技能，以更好地满足社会和企业的实际需求。在当前市场竞争日趋激烈的环境下，企业更青睐于具备实操经验和专业技能的市场调研人才。本教材紧密契合应用型本科教育的培养目标，致力于提升学生的综合素养和创新能力。

  值得一提的是，这本教材将实践教学理念贯穿始终，着重培养学生的实践操作能力和问题解决能力。通过精心编排的实训案例和深入透彻的分析，让学生在实践过程中不断锤炼专业技能，激发创新思维火花。我坚信，无论是对于在校大学生还是职场中的市场调研从业者而言，这本教材都将成为可以信赖的学习工具，助力其掌握市场调研的核心技能和方法论体系，为个人的职业发展奠定坚实的基础。

王化波
2024年9月30日

在当今快速变化的市场环境中，企业要想保持竞争力并实现可持续发展，必须深入了解市场需求、竞争态势以及消费者行为。市场调研作为企业决策的重要依据，对于企业制定科学的市场战略、优化产品与服务、提升品牌竞争力具有不可替代的作用。因此，本教材旨在通过理论与实践相结合的方式，深化读者对市场调研技能的理解与掌握，为企业决策提供有力支持。

《市场调研与实训》作为应用型本科教材，具有以下特色。

其一，理论与实践深度融合。本教材在详尽讲解市场调研基础理论、方法与流程时，精心配备丰富且切合实际的案例及实训项目。无论是对数据分析技术的阐释，还是对调研问卷设计的指引，均佐以真实的商业案例，引导学生将课堂理论与实践操作相结合，有效提升实践技能。

其二，内容完备且与时俱进。本教材全面覆盖市场调研从问题界定、方案规划、数据获取、分析运用到调研报告撰写的全流程，并且紧扣数字经济的时代背景，融入大数据分析、网络调研等前沿领域的内容与技术，让学生能够熟练掌握先进的调研工具与方法，以从容应对数字时代的市场环境。

其三，能力培养与职业导向并重。本教材作者长期扎根于一线教学工作，与众多企业保持紧密合作与深度交流，深谙企业实际运作模式以及行业动态需求。本教材以塑造学生市场调研专业素养与综合能力为核心，内容紧密贴合实际调研场景，案例皆源于真实的商业项目，实训任务更是参照企业实战要求进行精心设计，从而使学生在学习过程中仿佛置身于真实的职场环境，全方位提升数据思维、数据分析、报告展示等多种能力，为未来顺利投身市场调研及其他相关领域的工作筑牢根基。

人文日新，行健不息。尽管做出了很大的努力，但由于笔者水平有限，本教材一定还存在一些不足之处，欢迎读者批评指正。在此，要特别感谢王化波教授对本教材提供的无私帮助和宝贵建议，王教授的专业指导和悉心点拨，使我们在教材编写过程中受益匪浅；还要感谢珠海科技学院商学院的邹汶希、陈锦英、张正坤、范馨心、徐曼雅、孟祥怡等同学在教材编写过程中提供的协助和建议。我们坚信，只有不断汲取各方的智慧和力量，才能使教材日臻完善。我们也期待能够与更多读者共同探讨、共同进步。

2024年12月16日

本教材是珠海科技学院博士提升计划成果，粤港澳大湾区产业链国际化重构与新质生产力发展重点研究基地成果（2024WZJD003）。基金资助：教育部产学合作协同育人项目"基于产教融合的跨境电商实习实训基地建设"（240903221093636）；国家自然科学基金项目"面向人文性提升的城市高密度片区空间形态管控与设计优化"（5240082647）。

目录 Contents

第一章　市场调研概述　/1

第一节　市场调研　/1
　　一、市场调研的相关概念　/1
　　二、市场调研的流程　/5
　　三、市场调研的作用　/7

第二节　市场调研实训　/9
　　一、实训目的　/9
　　二、实训内容　/10
　　三、国内主要的市场调研机构　/10

第三节　本书的主要内容　/14

第二章　市场调研的数据收集与方法运用　/15

第一节　数据来源　/15
　　一、直接数据　/16
　　二、间接数据　/18

第二节　市场调研方法　/22

　　一、问卷调查法　/22

　　二、访谈法　/22

　　三、文献调查法　/30

第三章　调查问卷设计与测量方法　/34

第一节　调查问卷设计　/34

　　一、调查问卷的概念　/34

　　二、调查问卷的类型　/35

　　三、调查问卷的基本要求　/41

　　四、问卷的基本结构　/42

第二节　测量方法　/50

　　一、测量　/50

　　二、信度和效度　/51

第四章　数据清洗　/55

第一节　数据清洗概述　/55

　　一、数据清洗的定义　/55

　　二、数据清洗的步骤　/56

第二节　数据清洗的案例分析　/60

　　一、指标项空缺　/60

　　二、指标项异常　/62

　　三、指标项逻辑关系异常　/63

第五章　SPSS介绍　/65

第一节　SPSS的功能和应用　/65
一、SPSS的功能特点　/66
二、SPSS的应用领域　/67

第二节　SPSS的应用实践　/69
一、启动SPSS　/69
二、导入数据的方法　/70

第六章　数据分析和推断统计　/74

第一节　数据分析　/74
一、数据分析的定义　/74
二、数据分析的类别　/75

第二节　推断统计　/77
一、推断统计的定义　/77
二、推断统计的内容　/77

第七章　数据多元统计分析　/84

第一节　相关性分析　/84
一、相关性分析的内容　/84
二、相关性分析的案例　/85

第二节　线性回归分析　/88
一、线性回归分析的内容　/88
二、线性回归分析的案例　/90

第三节　方差分析　/93

一、方差分析的内容　/93

二、方差分析的案例　/96

第八章　调研报告　/99

第一节　调研报告概述　/99

一、调研报告的概念　/99

二、撰写调研报告的角度　/100

三、调研报告的特点　/104

四、调研报告的种类　/105

第二节　调研报告的格式　/107

第三节　调研报告的撰写步骤　/110

参考文献　/112

第一章 市场调研概述

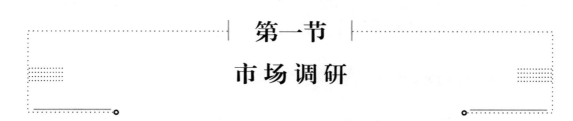

第一节 市场调研

一、市场调研的相关概念

(一) 市场

市场是商品交换的场所,是买卖商品的正式组织,也是商品流通的领域和交换关系的总和。市场可以分为狭义的市场和广义的市场。狭义的市场是指商品交换的场所或实现方式,是对商品或劳务的有效需求。它通常指的是买卖双方进行商品交换的特定空间,如百货商场、超市、集贸市场等。广义的市场是指商品交换关系的总和,包括商品交换的制度、程序、规则、法律规定等。它涵盖商品生产、交换、分配的全过程,是社会分工和商品生产的必然产物,反映了商品经济关系和社会经济活动的总和。

狭义的市场侧重于具体的交易场所和方式，广义的市场则涵盖更广泛的商品交换关系和经济活动。狭义的市场强调的是物理空间和具体的交易行为，广义的市场则包括所有相关的经济联系和制度安排。

市场在社会中扮演着重要的角色，它能够促进贸易，推动社会分工和商品经济的发展。市场通过信息反馈，直接影响生产、供应和销售，连接生产者、供应商和消费者，实现资源的优化配置。

（二）市场调研

市场调研是指用科学的方法，有目的地系统地收集、记录、整理和分析市场情况，了解市场现状及其发展趋势，为企业决策者制定政策、进行市场预测、做出经营决策、制订营销计划提供客观准确的依据。调研的基础是调查，调查是针对客观环境进行的数据收集和情报汇总，而调研是在调查的基础上对所收集的数据和所汇总的情报的分析与判断。调研一般是为特定目标服务的，而市场调研就是为了实现市场管理目标而进行的信息收集和数据分析。

1. 市场调研的重要性

市场调研是企业制定策略、提高竞争力的关键。市场调研的重要性主要体现在以下几个方面。

（1）洞察市场需求

洞察市场需求是市场调研的重要任务之一。常用的洞察市场需求的方法有数据分析、消费者行为研究、竞争对手分析和市场趋势观察。

数据分析是通过对大量市场数据进行分析，了解市场的规模、增长率、竞争力等，洞察市场的整体需求情况。

消费者行为研究是通过调研消费者的购买行为、消费心理等方面的信息，洞察市场需求的细节，包括产品特点、价格敏感度、品牌偏好等。

竞争对手分析是指深入研究竞争对手的产品特点和销售策略，了解其在市场上的表现，从而洞察市场需求的变化和趋势。

市场趋势观察是指通过关注行业动态、市场趋势和消费者需求变化，及时调整企业的产品和服务，以满足市场需求。

通过市场调研，企业可以深入了解市场需求，精准开发符合市场需求的产品和服务，提高产品销量，获得维持自身生存和发展的利润。

（2）优化决策

决策是根据洞察的结果，选择最佳的方案和措施，实现企业目标的过程。决策可以是理性决策，也可以是直觉决策。理性决策是指通过分析与评价各种方案和措施的优劣，选择最优方案和措施，如通过成本效益分析、风险分析、多准则决策等方式优化决策。直觉决策是指通过个人的经验和感觉，选择最合适的方案和措施，如通过直觉判断、启发式规则、模糊逻辑等方式优化决策。

市场调研为企业决策提供了客观数据支持。企业决策者在面临多种战略选择时，通过市场调研获得信息可以减少主观偏见，做出更明智的决策。无论是选择目标市场、定位产品特点还是制定营销策略，市场调研都能为企业决策者提供客观、可靠的指导。

（3）规避风险

市场风险是企业面临的重要挑战之一，它来源于市场的不确定性，可能影响企业的盈利能力和长期发展。市场调研有助于企业预测市场变化和风险，从而做好应对工作。通过对竞争对手、市场趋势等的研究，企业可以发现潜在的威胁和机会，及时调整策略，规避风险。例如，对于技术类企业，市场调研可以帮助其把握技术发展方向，避免在技术已经更新的背景下依然生产陈旧过时的产品。

（4）提高竞争力

市场调研是企业获取市场信息和消费者需求的重要方法，对于提升企业的竞争力至关重要。通过了解市场需求、竞争对手、市场机会，调整营销策略，监测市场动态，以及与消费者建立良好关系，企业可以迅速适应市场变化，提供满足消费者需求的产品和服务，增强竞争力，实现可持续发展。因此，企业应重视市场调研的作用，并将其纳入企业的战略决策。通过市场调研，企业可以发现自身的竞争优势，更好地与竞争对手区分开来。

2. 市场调研的基本步骤

（1）明确目的

市场调研的第一步是明确市场调研的目的，即明确市场调研要解决什么问题、达到什么目标、为谁提供什么信息等。市场调研的目的应该是具体的、明确的、可量化的、可实现的，而不是模糊的、笼统的、不切实际的。市场调研的目的决定了市场调研的范围、内容、方法、资源和时间等，也是评价市场调研效果的标准。

（2）选择合适的方法

市场调研的第二步是选择合适的市场调研方法，即明确采用什么方式收集哪些方面的信息，以及使用什么工具或技术分析和处理信息。市场调研方法应根据市场调研的目的、内容、对象、条件和成本等因素进行选择。

（3）设计有效的问卷

市场调研的第三步是设计有效的市场调研问卷，即明确定提出什么问题、采用什么形式、遵循什么原则。问卷是一种常用的一手信息调研工具，其优点是可以收集大量的、标准化的、可比较的信息，其缺点是得到的信息可能存在一些偏差和误差，如抽样误差、测量误差、非响应误差等。市场调研问卷的设计应根据市场调研的目的、内容、对象和方法等进行。

（4）抽取样本

市场调研的第四步是抽取样本，即确定从总体中选取多少个体、按照什么标准和方法进行选择、保证什么样的质量和效率。样本是一种用于代表总体的部分个体。抽取样本的优点是可以节省时间、成本和资源，缺点是得到的信息可能存在一定误差和偏差，如抽样误差、非响应误差等。抽取样本应根据市场调研的目的、内容、对象和方法等进行。

（5）保证数据的准确性和可靠性

市场调研的第五步是保证数据的准确性和可靠性，即要确保所收集到的信息是真实的、有效的、一致的、完整的，要避免或减少信息的错误、失真、缺失、不一致等。数据是市场调研的基础和核心，其质量好坏直接影响市场调研的结果和价值。数据的准确性和可靠性取决于市场调研各个环节的质量控制和质量保证。

（6）进行深入的分析和解读

市场调研的第六步是进行深入的分析和解读，即从数据中提取信息，用一定的逻辑和方法进行推理和判断，得出结论和启示。分析和解读数据是市场调研的核心和重点，其目的是从数据中发现市场的规律和趋势，从而为市场决策和行动提供依据和指导。分析和解读数据的深度与效果不仅取决于市场调研的目的、内容、对象和方法等，还取决于分析者的知识、经验和创造力水平等。

（7）撰写清晰的报告和建议

市场调研的第七步是撰写清晰的报告和建议，即用特定的语言和格式，包含一定的内容和结构，传达清晰的信息和价值。报告和建议是市场调研的成果展示，其目的是向客户或其他利益相关者传递市场调研的过程和结果，从而为市场决策和行动提供支持与帮助。报告和建议的清晰度和效果不仅取决于市场调研的目的、内容、对象和方法等，还取决于撰写者的技能、风格和态度等。

二、市场调研的流程

市场调研的两个重要环节是信息收集和调研分析。信息收集可以为调研分析提供数据。调研分析是对信息数据进行分析并写出调研报告，而调研报告是企业制定战略目标和管理计划的依据。

（一）信息收集

信息收集是对市场环境的信息资料进行采集，所采集资料的真实性和有效性会对调研分析的科学性产生直接的影响，而采集资料的真实性和有效性直接取决于信息收集的方法。市场调研是一门独立的学科，市场调研方法也比较系统和专业，但市场调

研贯穿于企业管理过程中时，受到人力、物力的限制，一个企业不可能依据系统的方式去获取资料。虽然一些大型企业的市场调研声势浩大，又是送礼又是抽奖，兼用问询和问卷调研法，但从调研现场我们发现，在利益的驱动下调研对象提供的虚假信息占了相当大的比例。为此，最有效的信息收集方式是深入市场，现实性管理称之为深入调研法。深入调研法是根据调研目的，通过深入市场来采集信息资料的一种实效性调研方法。该调研方法具有针对性、经济性、实效性等特点。企业管理需要的信息资料很多，而市场正是一个庞大的信息系统。为了实现信息收集的针对性，深入调研法和专业调研标准一样，也要求调研人员在收集信息时，根据调研目的确定调研课题和调研范围。最科学的标准是制订详细的调研计划。调研计划包括调研课题、调研时间、调研人员、调研地点、调研费用、调研对象、调研方法等。调研小组人数超过3人时，还要进行责权分工，选出临时负责人，以提高调研效率。深入调研法与常规调研法的不同之处在于，它强调信息收集过程中调研人员的调研技巧和行业领悟性。调研技巧通常包括调研人员的处事风格和对调研渠道的把握。这就要求根据调研课题选出专业性渠道和辅助性渠道，并根据调研效果设定合理的渠道比例来收集信息。一般来说，行业卖场、经销商、行业展会等渠道为专业性渠道，它们构成了信息收集的重点；报纸、书店、网络、电话簿、电视等渠道为辅助性渠道，它们构成了专业性渠道的补充渠道。选择合适的辅助性渠道有利于充实和论证通过专业性渠道收集的信息。此外，行业领悟性要求调研人员在信息收集过程中善于运用观、记、问、领会等调研手法，利用所收集的信息分析市场，透过表面的市场现象捕捉真实的市场资料。在信息收集过程中，为提高调研效果，可以适当赠送一些小礼品，并灵活采用一些科学的调研方法作为补充，如电话咨询、问卷调研、行业拜访等。深入调研法的中心任务是通过深入市场，确保所收集信息的实效价值。

（二）调研分析

调研分析是对调研信息资料进行汇总和解析，并根据分析结论撰写调研报告。调研报告是针对调研课题在分析基础上拟定的总结性汇报，一般根据调研分析结论提出一些看法和观点。调研报告是通过调研资料展示调研实效价值的具体方式。调研是科学管理的基本要求，但科学管理对调研的要求不是表现为一个企业是否有了调研的行为，而是表现为其能否确保管理者根据调研报告对管理行为做出合理的调整。如果说信息收集是调研质量的安全线,那么调研分析就是调研质量的生命线,因为调研分析提炼了调研信息的有效价值成分,并更深刻地反映为对市场的一种审视和剖析。很多企业收集的信息很标准,但由于缺乏审视和剖析能力,调研的价值没有完全显示,甚至误导企业、牵制管理。市场调研分析方法包括定性分析法和定量分析法两种。在此基础上,现实性管理增加了理性分析法,即利用科学的管理思想和专业的眼光,对远景市场进行展望,并在此基础上对调研信息资料进行剖析和思考,从而撰写对企业有实效价值的调研分析报告。调研分析小组通常由专家人物组成。普通的市场调研是为企业管理提供数据依据,层次化的市场调研是为企业决策提供依据、为企业竞争寻求动力。市场调研的真实意义就在于使管理者通过市场调研数据和信息资料分析充分发挥企业策划职能,所以市场调研并没有脱离企业策划的领域。不同标准的市场调研采用的调研方式和手段不同,普通的市场调研可以指派业务人员来进行,层次化的市场调研可以委托专业的调研公司来实施。信息是企业的"耳目",为了擦亮企业的"慧眼",现代企业应当在市场调研的过程中建立完善的信息系统,通过日常信息资料收集和企业内部数据统计,让小规模的市场调研工作得以在企业信息系统中顺利开展。

三、市场调研的作用

(一)市场调研报告是企业了解市场动态的窗口

市场调研报告有利于企业掌握市场动态,如市场供求情况、市场最新趋势、消费者的需求以及本企业产品的销售情况等。市场调研报告在企业运营过程中扮演着至关重要的角色,它是企业了解市场动态、消费者需求、竞争对手情况以及行业趋势的重要工具。通过市场调研报告,企业可以深入了解目标市场的需求和偏好,包括消费者行为、产品需求、市场规模、增长趋势等信息,为企业制定有效的营销策略提供数据支持。同时,市场调研报告还可以帮助企业评估竞争对手,了解其产品特点、市场份额、定价策略等,从而制定相应的竞争策略。此外,市场调研报告还能发现新的市场机会和潜在的消费者需求,为企业创造新的市场机会提供有力支持。

(二) 市场调研在企业运营中扮演着至关重要的角色

市场调研为企业客观判断自身的竞争力，调整经营决策、产品开发和生产计划提供了重要依据。企业在市场竞争中要明确自身所处的位置，就必须进行市场调研，从市场调研报告中获取准确的信息。市场调研主要包括市场需求、产品、价格、促销、分销渠道及营销环境等方面的调研，通过科学的方法系统地收集、记录、整理和分析市场情况，为企业决策者提供客观、准确的依据。企业领导层在考虑开发新产品，决定产品的生产数量、品种、花色时，也要先进行市场调研。

(三) 市场调研在助力企业整体宣传方面发挥着重要的作用

通过市场调研，企业不仅能了解消费者对产品或服务质量的评价、期望和想法，还能深入了解目标市场的现状、消费者需求、市场规模及成长性等，为制定精准有效的宣传策略提供客观依据。例如：当调研发现目标市场的消费者对产品的环保属性极为关注时，企业可在宣传中着重突出产品生产过程中的环保工艺、可回收材料的使用等亮点，以满足消费者需求，提升产品吸引力；若了解到消费者期望产品具备更多个性化定制功能，企业就可以在宣传策略中融入定制服务的介绍，引起消费者的共鸣。如此一来，基于市场调研的宣传策略，能够让企业宣传资源实现优化配置，提升宣传效果，助力企业实现品牌形象的树立与市场份额的拓展。

(四) 市场调研对市场变化趋势进行预测，为企业制定战略提供依据

企业通过市场调研获得的资料，除了供企业决策者了解目前市场的情况之外，还可以帮助企业决策者预测市场变化趋势，从而提前做出计划和安排，充分利用市场的变化获得利润。市场预测是基于市场调研和其他相关信息，对未来市场趋势和变化进行评估的过程。市场预测不仅涉及对当前市场状况的了解，还包括对未来市场的预期和判断。市场调研与市场预测紧密相连，市场调研为市场预测提供基础数据，市场预测则为企业制定长远规划，进行产品研发、生产和销售等提供依据。通过市场调研与市场预测，企业可以更好地应对未来市场的变化。

第一章　市场调研概述

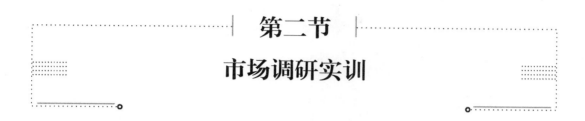

一、实训目的

市场调研实训的目的是收集并分析市场、消费者和竞争对手的相关信息，为企业决策提供依据。通过市场调研，企业可以更好地满足消费者需求，抓住市场机会，从而在市场中树立良好的品牌形象。具体来说，市场调研实训旨在实现以下几个方面的目的。

（一）了解消费者需求

市场调研实训的核心目的是深入了解消费者需求，通过收集消费者数据，全面了解消费者对产品或服务的需求、偏好以及购买行为，从而制定更加精准的营销策略，包括产品定位、价格策略和推广方式等。同时，市场调研实训还有助于企业预测市场趋势，为产品研发、生产、销售等环节提供有力指导，以满足市场不断变化的需求，并帮助企业发掘新的市场机会，开发能够满足市场需求的新产品或新服务。此外，市场调研实训也是企业优化产品或服务、提高品牌形象和市场竞争力的重要途径。

（二）发现市场机会

市场调研实训通过分析市场数据，了解市场趋势、发展前景及潜在需求，帮助企业开发或提供满足市场需求的新产品或新服务。分析市场数据具体包括市场环境分析、市场竞争分析、消费者行为分析和数据收集与分析。市场环境分析是了解市场规模、需求、消费者偏好等，以把握市场整体趋势和潜在需求。市场竞争分析是分析竞争对手的产品、价格等，以明确自身在市场中的定位和优势。消费者行为分析是深入了解消费者需求、偏好及购买行为，以提供更加符合消费者期望的产品和服务。数据

9

收集与分析是收集市场数据，运用数据分析工具挖掘数据背后的规律，预测市场走向，为新产品或服务开发提供依据。

（三）了解竞争对手

市场调研实训的核心环节之一是深入了解竞争对手。市场调研实训是收集并分析竞争对手的数据，包括产品、价格、销售渠道、营销策略等，以制定更合理的竞争策略。这一过程包含识别竞争对手、收集竞争对手信息和分析竞争对手。识别竞争对手包括识别直接竞争对手、识别间接竞争对手和识别潜在竞争对手。收集竞争对手信息是通过市场调研、在线研究收集竞争对手的基本信息，如市场份额、产品线等。分析竞争对手是评估竞争对手的优势、劣势、机会和威胁，研究竞争对手的客户群体和营销策略，关注竞争对手的财务状况和动向。通过这一系列行为，企业可以更全面地了解竞争对手，为制定有效的市场策略提供有力支持。

二、实训内容

市场调研实训的具体内容包括：学习市场调研方案的内容；掌握设计市场调研方案的能力；学习市场调研问卷设计的方法；掌握设计市场调研问卷的能力；通过发放问卷—请受访对象填写问卷—回收问卷的访问调查实践，明白怎样收集市场信息资料，掌握常用的访问技巧；熟悉市场调研报告的基本格式；掌握撰写市场调研报告的能力和技巧；培养团队意识和协作精神；明确合理选择市场调研方法的依据；掌握各种类型市场调研的适用情形；了解目前国内主要的市场调研机构及其业务范围。

三、国内主要的市场调研机构

（一）艾瑞咨询

艾瑞咨询是一家专注于新经济产业洞察的市场调研机构，致力于为客户提供商业决策服务。艾瑞集团成立于2002年，集团总部位于北京和上海，有艾瑞咨询、艾瑞数据和艾瑞资本三项核心业务，服务覆盖超过20个行业，服务客户超过2000家企业。艾瑞咨询提供市场调研、战略咨询等服务，助力客户提升认知水平、盈利能力和综合竞争力。艾瑞咨询拥有超过200位专业研究人员，每年发布超过100份行业报告。其研究成果被广泛应用于互联网企业IPO报告。

（二）新华信

新华信是中国领先的营销解决方案和信用解决方案提供商，成立于1992年底，总部位于北京，是中国较早开展市场研究咨询服务和商业信息咨询服务的企业。新华信提供市场研究、商业信息、咨询和数据库营销服务，协助客户做出更好的营销决策和信贷决策，并发展盈利的客户关系。新华信在北京、上海和广州拥有近600名员工，为各行业的机构客户提供专业服务。在华的《财富》世界500强企业中，有超过80%的企业使用新华信的不同产品和服务。

（三）益普索

益普索是一家全球领先的市场研究集团，1975年在法国巴黎创立，1999年在巴黎证券交易所上市。益普索在全球超过90个国家和地区设有办公室，是全球唯一由研究专业人士拥有并管理的市场研究集团。其业务涉及广告、营销、客户忠诚度、媒介和公众事务方面的研究服务以及数据采集和处理服务。

（四）尼尔森

尼尔森是全球领先的市场监测和数据分析公司，由阿瑟·查尔斯·尼尔森于1923年创立，总部位于英国牛津。该公司专注于受众测量、数据和分析，可根据客户的具体需求来定制调查方案，为全球超过100个国家和地区的客户提供市场动态、消费者行为、传统和新兴媒体监测及分析服务。

（五）赛迪顾问

赛迪顾问股份有限公司（简称赛迪顾问）是中国首家上市的咨询企业，隶属于

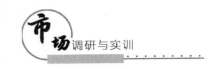

工业和信息化部中国电子信息产业发展研究院。赛迪顾问成立于2001年，其秉承"思维创造世界"的理念，为政府、园区和企业提供"研究+咨询+实施"创新性综合服务与数字化赋能服务。其业务涵盖计算机系统服务、数据处理、基础软件服务、应用软件服务等多个领域，并拥有研究、咨询、实施以及数字化四大服务体系。

（六）零点研究咨询集团

零点研究咨询集团是中国专业研究咨询市场的早期开拓者与当前领导者之一，其致力于成为一家国际化的咨询公司品牌，享有较高的声誉。该集团成立于1992年，其特点在于独立化、专业化、规模操作与国际模式，同时兼具显著的本土深度研究与国际规范有机结合的能力，为立足于中国市场的杰出本土企业和国际化企业提供专业调查咨询服务。

（七）赛立信研究集团

赛立信研究集团是在我国享有卓著声誉的提供市场研究、媒介研究、信用调查和竞争情报研究服务的集团。它是中国本土成立较早、规模较大、发展较快的专业市场调研机构之一，也是全国市场研究行业协会理事及发起单位之一、中国广播电视学会广播受众研究会理事、国家统计局核定的甲类涉外市场调查机构。赛立信研究集团提供市场研究、媒介研究、通信研究、竞争情报研究等服务，通过为客户提供数据采集、整合、挖掘、分析与解决方案等咨询服务获取利润。

（八）北京捷孚凯市场调查有限公司

北京捷孚凯市场调查有限公司是一家专注于市场调查和商务服务业的企业，成立于2006年，隶属于全球知名的研究公司捷孚凯市场研究集团，主要经营范围包括市场调查（涉外市场调查除外）、经济贸易咨询、企业形象策划以及技术推广服务。

（九）北京新生代市场监测机构有限公司

北京新生代市场监测机构有限公司（以下简称新生代市场监测机构）是中国领先的市场研究公司，成立于1998年，2003年引进外资成为中外合资企业。该公司总部位于北京，现已形成北京、上海、广州"三位一体"的全国布局，调查网络覆盖全国500多个城市和广大县域、农村市场。新生代市场监测机构在多个领域具有深厚的研究实力和良好的信誉，其自主研究产品如CMMS（中国市场与媒体研究）、H3（新富人群研究）、MMMS（移动网民研究）等已成为广告公司和品牌主用于消费者洞察和媒介策划的必备工具和权威标准。公司拥有多项知识产权，展现出较强的实力和创新能力。

（十）中为咨询

中为咨询是中国领先的产业与市场调查研究咨询服务供应商。该公司致力于为企业、投资者和政府等提供有竞争力的调查研究解决方案和服务，主要业务集中于行业调查报告、行业研究报告、市场调查分析报告、商业计划书、可行性研究、IPO咨询等领域。中为咨询的研究成果和解决方案已经应用于50000多家企业，涉及多个领域，并向海外市场拓展。该公司以其深厚的专业知识和丰富的实践经验，为企业提供顶级的咨询服务，助力企业应对挑战、实现可持续发展。

第三节 本书的主要内容

根据对市场调研与实训的界定，本书致力于为市场调研提供理论和实践方法。本书内容按照市场调研与实训的程序和逻辑关系分为八章，具体包括市场调研概述、市场调研的数据采集与方法运用、调查问卷设计与测量方法、数据清洗、SPSS介绍、数据分析和推断统计、数据多元统计分析、调研报告。为了帮助学生及时巩固所学知识，每一章的最后都配套设置了相应的练习题。

【练习题】

1. 请阐述市场调研的含义。
2. 请阐述市场调研的作用。
3. 如何进行市场调研？

第二章 市场调研的数据收集与方法运用

市场调研中一个重要的环节是收集数据。数据根据来源可分为直接数据和间接数据。市场调研方法据此也可分为两种：一种是收集直接数据，另一种是收集间接数据。这一章重点讲解数据来源和市场调研方法。

第一节 数据来源

从统计数据使用者的角度来看，统计数据的来源可以分为直接来源和间接来源，其分别对应直接数据和间接数据。直接数据是指通过调查、观察或使用特定软件工具从目标群体中直接收集的数据。这种数据收集方法包括问卷调查、人工观察、日志文件等，其可以直接获取目标群体的意见、行为等原始数据。间接数据是指通过其他渠道获取的数据。例如，通过互联网搜索、阅读报纸杂志、收听广播和观看电视等途径获取的信息。这些数据并未直接从研究对象中获取，而是通过其他途径得到的，因此可能存在误差和不确定性。

一、直接数据

(一) 直接数据获取渠道

直接数据包括调查数据和实验数据。调查数据是指通过调查方法获得的数据，通常是对社会现象而言，取自有限总体。实验数据是指通过实验方法得到的数据，通常是对自然现象而言，也被广泛运用于社会科学领域，如心理学、教育学、社会学、经济学、管理学等。直接数据获取渠道有以下几种。

1. 普查

普查是指为特定目的而专门组织的一次性的全面调查，用来调查特定地点或一定时期内的社会现象总量，也指一个国家或地区为详细调查某项重要的情况，专门组织的一次性大规模的全面调查。普查主要用来调查不能或不适宜用定期全面的调查报表来收集的资料，以全面、准确地了解重要的国情、国力。普查涉及面比较广、指标多、工作量大、时间性强等，对集中领导和统一行动的要求最高。我国常进行的普查包括人口普查、工业普查、农业普查等，还有针对特定领域或出于特定目的进行的专项普查，如全国污染源普查、全国文物普查等。

2. 随机抽样调查

随机抽样调查是一种按照随机原则，从总体中抽取部分个体作为样本进行调查，并根据样本数据推断总体特征的非全面调查方法。随机抽样调查的核心特点是每个个体都有同等被抽中的机会，即"等概率"。随机抽样有四种基本形式：简单随机抽样，等距抽样，类型抽样，整群抽样。其中，简单随机抽样是最基础的形式，它不对总体进行任何分组排列，完全凭偶然机遇抽取样本。这种方法适用于总体中的个体之间差异较小的情况。随机抽样调查的目的是由个体特征和表现推断总体的数量特征和表现，它可以起到全面调查的作用，同时可以避免人的主观随意性和主观能动性的影响。

3. 非随机抽样调查

非随机抽样调查是一种不遵循随机原则，而依据研究者的主观经验或其他条件来抽取样本的调查方法。这种方法带有明显的主观色彩，因此对于获得的样本不能运用推断统计的方法进行分析。非随机抽样调查适用于以下几种情况：严格的概率抽样几乎无法进行；调查目的仅是对问题进行初步探索或提出假设；调查对象难以确定或根本无法确定；总体中的个体之间离散程度不大且调研人员有丰富的调研经验。非随机抽样调查方法包括便利抽样、判断抽样、配额抽样、滚雪球抽样等。尽管非随机抽样在某些情况下有其价值，但由于其样本的代表性往往较小，用这样的样本推论总体是不可靠的，且误差有时相当大甚至无法估计。

总之，直接数据就是由统计调查或科学实验得到的原始数据，通常也是数据的直接来源，通过权威网站查询的数据是真实的数据，也是数据的直接来源，因而也是直接数据。直接数据是事实或观察的结果，是对客观事物的逻辑归纳，是用于表示客观事物的未经加工的原始素材。直接数据的应用领域广泛，包括市场调研、用户调研、舆情分析等。通过收集直接数据，企业可以更准确地了解用户需求和市场动态，为决策提供有力支持。

（二）直接数据的特点

直接数据相关性强，能够直接反映目标群体的真实情况。具体来说，直接数据的主要特点包括以下几点。

1. 适用性强

直接数据是针对特定研究目的和背景收集的，因此能够更准确地反映实际情况，具有更强的适用性。与间接数据相比，直接数据更能满足研究者的具体需求，能够提供更为详细和准确的信息。直接数据的收集过程通常受到研究者的直接控制，因此在数据质量和可靠性方面往往也更有保障。虽然直接数据的收集可能需要更多的时间和资源，但适用性强这一特点使得它在许多研究领域具有不可替代的作用。

2. 可信度高

直接数据的收集过程通常遵循科学的抽样设计和严格的管理调查环节，这可以进一步保证数据的可信度。因此，在研究和决策过程中，直接数据往往被视为更为可靠和有力的依据。

3. 局限性小

相较于间接数据，直接数据受外界因素的影响较小，且误差更可控。这是因为直接数据的收集过程通常受到研究者的直接控制，从数据收集的设计、实施到数据的处理和分析，都可以根据研究目的和背景进行定制化操作，从而减少了外界因素的干扰。直接数据的针对性强，它是为了满足特定研究需求而收集的，因此能够更准确地反映实际情况。在收集过程中，研究者可以严格控制样本的选择、数据的采集和记录方式等，以确保数据的准确性和可靠性。这种可控性使得直接数据在误差控制方面具有较大的优势，研究者可以通过科学的方法和严格的管理来减少误差的产生。

此外，直接连接数据库进行数据收集具有速度快、精度高、灵活性强和可扩展性强等优点，但同时具有安全性差、不适合大规模数据采集和需要较强的专业技能等缺点。

二、间接数据

间接数据又称二手数据，其是相对于直接数据而言的，指那些并非为正在进行的研究而是为其他目的已经收集好的统计资料。

（一）间接数据的特点

1. 间接数据的优点

（1）易获得性与低成本

通常情况下，间接数据比较容易获得，调研人员可以通过各种渠道快速获取数据，而无须从头开始进行数据收集工作。同时,与收集直接数据相比,收集间接数据的成本要低得多,这主要是因为这些数据之前已经出于其他目的而被收集和整理好,调研人员不需要承担额外的收集成本。

(2) 节省时间

与直接数据相比,间接数据能够快速获得并且通常已经整理好,调研人员可以直接进行分析,从而节省了大量的时间。间接数据在时间效率方面具有显著优势,能够快速满足调研人员的数据需求,加速调研进程。

(3) 不受时空限制

间接数据不受时间和空间的限制,调研人员可以随时随地进行访问和分析,这也进一步提高了市场调研的效率。

(4) 适应性强

间接数据适用于多种研究场景,如市场供求趋势分析、市场占有率分析等,能够为调研人员提供快速、低成本的数据解决方案。间接数据还有助于调研人员明确探索性调研中的研究主题,为其收集直接资料提供启示和依据,并提醒其注意潜在的问题和困难,从而为市场调研提供必要的背景信息。

(5) 具有多样性

间接数据是通过查阅现成的资料获取的数据,属于间接调查的方式。在选择间接数据时,调研人员应根据自己的调研方向,从知名数据库如CGSS(中国综合社会调查)、CFPS(中国家庭追踪调查)、CEPS(中国教育追踪调查)中选择合适的数据库。同时,数据的质量和准确性是影响市场调研的重要因素,因此在获取间接数据后,需要进行严格的数据清洗,处理数据中的错误、缺失值和异常值,确保数据集的可靠性和完整性。由于间接数据具有多样性,所以在选择数据时要审慎,以确保市场调研的准确性和有效性。

2. 间接数据的缺点

（1）相关性差

相关性差主要表现在间接数据不能完全满足当前研究的需求，或者数据的收集目的与当前研究目的存在较大差异，导致在运用这些数据进行分析和解释时产生偏差。

（2）时效性差

与直接数据相比，间接数据在时效性方面往往表现较差，因为间接资料是在当前的研究项目开始前就已经存在的数据，在反映当前市场、消费者以及环境等信息方面存在偏差，因此时效性难以保证。在大数据时代，虽然间接数据在相关性方面的缺陷正在逐渐弱化，但在时效性方面，问题依然存在。对于需要高时效性的研究，如市场趋势分析，使用间接数据可能无法获得最新信息，从而影响市场调研的准确性和有效性。

（3）可靠性低

很多间接数据经过原数据公司的大量加工，虽然相关性可能得以提升，但可靠性大幅下降。此外，间接数据不能完全满足当前研究的需求，或者数据的收集目的与当前研究目的存在较大差异，也可能导致数据的可靠性降低。因此，在使用间接数据时，调研人员需要谨慎评估其可靠性，以确保市场调研的准确性和有效性。同时，也可以考虑结合其他数据来源或方法进行交叉验证，以增强间接数据的可靠性。

（二）间接数据的评估

间接数据的评估主要关注数据来源、收集目的、收集方法、收集时间等方面。

1. 数据来源

评估间接数据时，其数据来源至关重要。数据来源的可靠性、有效性和公正性直接影响数据的质量和市场调研的准确性。在评估数据来源时，需要看数据是由谁收集的，能否确保数据的可靠性和权威性等。

2. 收集目的

了解数据收集目的，有助于帮助调研人员判断数据是否适用于当前的研究或分析需求。调研人员要判断间接数据的收集目的是否与当前研究或分析需求相吻合，以确保数据的适用性。

3. 收集方法

数据的收集方法对于确保数据的准确性和可靠性至关重要，因此需要仔细评估。一般来说，可以通过查找已有的文献资料获取所需数据，也可以利用数据库、搜索引擎等检索工具，根据关键词或条件进行搜索，获取相关数据，还可以通过收集、整理和分析现有的文字资料，如企业年报、政策文件等，获取数据。在数据收集过程中，调研人员需要关注数据的可比性和质量，并对数据进行必要的检查。

4. 收集时间

数据的时效性也是评估的重要方面，调研人员需要确保数据能够反映当前的市场或研究状况。不同时间点的数据可能反映不同的市场或研究状况，因此调研人员需要关注数据是否仍然具有代表性。数据收集时的社会、经济、政治等背景也可能影响数据的解释和应用情况。调研人员要根据间接数据与调研需求的时间匹配度，评估数据是否覆盖调研所需的时间范围。若需要将数据与其他来源的数据进行比较，则需要确保它们在时间上是可比的。

总之，在市场调研中，需要对所收集的数据做适当的处理、分析和解释，以实证结果作为制定营销策略的依据。因此，在市场调研中对间接数据的收集和处理需要遵循严格的要求，确保其具有真实性、及时性、同质性、完整性、经济性和针对性。

第二节 市场调研方法

市场调研的方法主要有问卷调查法、访谈法、文献调查法、观察法、实验法等。此外，还有一些其他的市场调研方法，如市场分析法、竞争分析法、FGD（焦点小组讨论）法、在线社交媒体分析法、采购者人格分析法等。这里主要介绍问卷调查法、访谈法、文献调查法。

一、问卷调查法

问卷调查法是通过设计合适的调查问卷，收集大量消费者的意见和反馈，以获取产品、服务、价格、品牌等方面的信息。这种方法可以快速收集大量数据，但需要注意问卷设计的问题不应太复杂，以免影响受访者的参与度。问卷调查法是在国内外社会调查中较为广泛使用的一种方法。问卷一般为实现统计和调查目的，以设问的方式表述问题。问卷调查法就是调研人员用这种控制式的测量方式对所研究的问题进行度量，从而收集可靠资料的一种方法。问卷调查法大多用邮寄、个别分送或集体分发等方式发送问卷。受访者根据自身实际情况来填写问卷答案。一般来讲，问卷较之访谈表要更详细、完整和易于控制。问卷调查法的主要优点在于标准化和成本低。因为问卷调查法是以设计好的问卷工具进行调查，所以问卷的设计要规范化并且可计量，这一点在后文会进行详细介绍。

二、访谈法

访谈法又称晤谈法，是指调研人员和受访者面对面交谈来了解受访者的心理和行为的方法。因研究问题的性质、目的或对象不同，访谈法具有不同的形式。访谈法运用面广，能够便捷地收集多方面的信息资料，因而深受人们青睐。

由于访谈法收集信息资料是通过调研人员与受访者面对面直接交谈的方式实现的，因此具有较好的灵活性和适用性。访谈法广泛适用于教育调查、求职、咨询等领域，其既有针对事实的调查，也有针对意见的征询，尤其适用于个别研究。

（一）访谈法的分类

访谈有正式的，也有非正式的；可以逐一采访询问，即个别访谈，也可以开小型座谈会，进行团体访谈。在访谈过程中，尽管调研人员和受访者的角色偶尔交换，但调研人员始终是主导者。访谈法在不同的情况下有不同的分类，以下为一些常见的分类。

1. 结构式访谈和非结构式访谈

按照访谈进程的标准化程序，访谈法可以分为结构式访谈和非结构式访谈。

（1）定义

结构式访谈按定向的标准化程序进行，调研人员按照统一的设计要求和事先规定的访谈内容向受访者提问，并要求受访者按一定的标准回答的正式访谈，在访谈过程中通常需要使用问卷或调查表。

非结构式访谈是没有定向的标准化程序的自由交谈，其没有固定问卷或提纲，调研人员和受访者可以自由交流，调研人员根据具体情况来把握访谈过程。

（2）特点

结构式访谈得到的信息资料标准化程度高，便于调研人员统计分析，可以对不同受访者的回答进行比较分析。但结构式访谈的访谈过程比较死板，无法充分发挥受访者的主动性和创造性。

非结构式访谈能够充分调动调研人员和受访者的主动性与创造性，便于调研人员根据具体情况灵活处理突发事件和问题。但非结构式访谈得到的资料标准化程度低，数量化程度也低，不利于调研人员统计，而且其对调研人员的基本素养和访谈技巧要求较高。

2. 指导性访谈和非指导性访谈

按照调研人员主导的程度，访谈法可以分为指导性访谈和非指导性访谈。

（1）定义

指导性访谈是调研人员以权威或专家的身份，与受访者进行面对面交谈来了解受访者的心理和行为。而在非指导性访谈中，调研人员不以权威或专家自居，而是作为有专业知识的伙伴或朋友，把主导权交给受访者，以受访者为中心。

（2）特点

指导性访谈强调调研人员在访谈过程中的积极作用，通过明确访谈任务和预约环节，确保访谈活动有的放矢，基于调研人员的实际需求进行。指导性访谈有助于调研人员控制访谈进程，引导受访者按照预定方向思考和回答，适用于需要深入了解特定问题或获取标准化信息的场景。

非指导性访谈则更注重访谈过程的灵活性和受访者的主动性。调研人员仅提供粗线条式的访谈提纲，允许访谈过程根据具体情况灵活调整。非指导性访谈有助于调研人员拓宽和加深对相关问题的考察，但标准化程度较低，对调研人员的素养和技巧要求较高，适用于探索性研究或需要深入了解受访者个人经验和情感的场景。

3. 个人访谈和团体访谈

根据受访者人数的多少，访谈法可以分为个人访谈和团体访谈。

（1）定义

个人访谈是由一个调研人员和一个受访者组成的访谈，通常为调研人员到受访者家里或工作地进行一对一访谈，通过与受访者互动，收集市场调研所需要的资料。团体访谈是一种类似于公众座谈会的集中收集信息的方法，一般由一至三个调研人员与两个以上受访者进行座谈，以了解受访者的意见和看法。

（2）特点

个人访谈的灵活性强，调研人员可以根据实际情况调整访谈内容和深度。面对面的交流使得调研人员可以观察到受访者一些非语言信息,增强信息的可靠性。对于受访者在访谈过程中的困惑,调研人员可以及时解释,避免受访者因理解错误而给出有偏差的回答。调研人员与受访者一对一接触也有助于提高受访者的回复率。但个人访谈成本较高,效率相对较低,同时访谈结果可能受调研人员态度的影响。

团体访谈中的多层次互动与交流使得调研人员获得的信息更为全面,同时访谈多个对象,能够节省人力和时间,提高访谈效率。但是团体访谈容易产生团体压力,可能导致受访者隐瞒真实情况。团体访谈适用于需要广泛收集信息或进行类型学分析的情况。

4. 导出访谈、注入访谈、商讨访谈和问题本位访谈

根据访谈内容的作用方向,访谈法可以分为导出访谈、注入访谈、商讨访谈和问题本位访谈。

(1) 定义

导出访谈是指从受访者那里引导出情况或意见的访谈。这种形式主要用于获取受访者的观点、经验或感受,通过调研人员的引导和提问,让受访者表达自己的看法和想法。

注入访谈是指调研人员把情况和意见告知受访者的访谈。这种形式主要用于向受访者传递信息或观点,通过调研人员的介绍和解释,让受访者了解某些情况或意见。

商讨访谈是既有导出又有注入的访谈形式。这种形式主要用于调研人员和受访者之间的交流和讨论,通过双方的互动和沟通,实现对某一问题的深入理解,双方达成一定的共识。

在商讨访谈中,以问题事件为中心的访谈称为问题本位访谈。这种形式主要关注某一具体问题或事件,通过调研人员和受访者的讨论和交流,深入了解这一问题的本质,探究解决方案。

(2) 特点

由于导出访谈是从受访者那里引导出情况或意见,因此调研人员能直接从受访者口中获得最直接的、不经过任何形式转换的信息资料。导出访谈不受书面语言限制,调研人员与受访者之间的互动生动流畅,减少了理解方面的障碍。导出访谈易于深入

调查，调研人员可以根据需要就某个问题进行追问，使自己对资料的掌握更深入。需要注意的是，虽然导出访谈能够让调研人员获取受访者的真实想法和观点，但可能受调研人员访谈技巧影响，导致获取的信息不全面。调研人员可以根据访谈过程中的具体情况，灵活进行问题的选排、重复或解释，为不同的受访者准备与之相匹配的不同的问题。

在注入访谈中，调研人员直接将情况和意见告知受访者，信息传递效率高。在访谈过程中，调研人员掌握主导权，控制访谈节奏和内容。注入访谈通常有明确的目的，即向受访者传递特定的信息或观点。注入访谈能够确保信息的准确传递，但也可能导致受访者被动接收信息，缺乏深入的思考。因此，在使用注入访谈时，调研人员需要关注受访者的反馈，及时评估信息传递的效果。

商讨访谈能够促进调研人员和受访者深入交流，达成共识，但可能耗时较长，且最终结果受双方沟通技巧影响。商讨访谈强调调研人员与受访者之间的互动交流，要求双方共同参与讨论，形成对话和反馈机制。通过商讨访谈，调研人员能够深入了解受访者的心理和行为，获取更全面、更深入的信息。商讨访谈的过程灵活多变，调研人员可以根据受访者的反馈和表现调整访谈内容和方式。商讨访谈通常围绕特定主题或问题进行，旨在达成共识或实现深入理解。商讨访谈因其互动性和深入性，在心理学研究、市场调研等领域得到了广泛应用。

问题本位访谈是以问题事件为中心进行访谈。问题本位访谈聚焦于特定问题，旨在深入了解受访者的观点、经历或行为。调研人员可以根据访谈过程中的具体情况灵活调整问题，还可以就特定问题进行追问，以获取更全面、更深入的信息。在访谈过程中，调研人员会关注受访者的心理感受，通过恰当的提问方式让受访者感到被关心和被理解。问题本位访谈因其深入探索特定问题的特点，在心理学研究、市场调研等领域得到了广泛应用。

5. 访谈检测法和访谈调查法

作为心理学研究手段的访谈法，还可以分为访谈检测法和访谈调查法。

（1）定义

访谈检测法是指在心理学研究过程中，一边访谈，一边观察受访者，对实验、测验、诊断中观察到的有关心理学问题进行检测。访谈调查法是依次访谈许多受访者，进行社会心理学调查、舆论调查、态度调查等。

（2）特点

访谈检测法强调在访谈过程中实时观察受访者的反应和行为。调研人员可以与受访者进行面对面的交流，直接获取其言语和非言语信息。该方法允许调研人员在访谈过程中就观察到的心理学问题进行即时检验。调研人员可以针对受访者的回答进行追问或补充询问，以澄清或深入理解特定问题。访谈检测法具有较高的灵活性，调研人员可以根据受访者的反应和访谈的进展调整问题或访谈策略，可以根据受访者的个体差异，提出适合特定情境的问题。访谈检测法不仅关注受访者的言语回答，还重视观察其非言语行为（如面部表情、肢体语言）。

访谈检测法允许调研人员综合评估受访者的心理状态和行为表现。访谈检测法特别适用于心理学研究，因为它允许调研人员对受访者的心理状态进行深入探索。该方法有助于揭示受访者的内心世界，为心理学理论和实践提供有价值的洞察。

访谈调查法中调研人员可根据访谈过程中的具体情况灵活调整问题。调研人员可以为不同的访谈对象准备不同的问题，显示出较强的适应性。访谈调查法适用于一切有正常思维能力和口头表达能力的受访者。访谈过程中可以实现信息的双向沟通，避免理解错误，这使得访谈调查法在社会调查中具有重要的应用价值。

访谈法还有以特定问题为焦点进行的详细访谈，称为集中访谈。这种访谈多用于整理出一般性调查结果之后对特定问题的调查。为了探寻受访者内心更深处的东西（如无意识动机或遭受过的挫折等），还可以利用投射技术进行访谈。这种深入受访者内心的访谈称为深层访谈。深层访谈在临床心理学中有广泛的应用。访谈法在心理学领域的应用有较为久远的历史，它几乎是和内省法、观察法同时出现的。需要注意的是，使用访谈法进行心理学研究时，调研人员必须受过专门的训练，掌握访谈法的专门知识和技能。

（二）访谈步骤

访谈主要包括准备、实施和整理分析三个阶段。

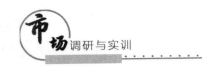

1. 准备阶段

（1）确定访谈目的和受访者，了解受访者背景

这是访谈的重要准备步骤。明确访谈目的，有助于调研人员制订访谈计划，确保访谈过程中的问题具有针对性和有效性。根据访谈目的确定合适的受访者，受访者可以是个人，也可以是某个组织或群体，要确保受访者与访谈主题相关。在访谈前，对受访者的背景进行深入了解，包括其组织架构、文化、工作环境等，有助于调研人员在访谈过程中提出更具体、更有深度的问题，提高访谈效果，为访谈调查打下坚实的基础，确保访谈的顺利进行和有效成果的获取。

（2）制订访谈计划

制订访谈计划是确保访谈顺利进行的关键步骤，它涉及对访谈内容和进度安排的详细规划。具体而言，包括确定访谈的主题和目标、确定访谈对象、设计访谈提纲和安排访谈进度。调研人员明确希望通过访谈获取的信息之后，就要选择与访谈主题相关的合适访谈对象，考虑其代表性、知情度和配合度，如专家、学者或相关领域的从业者；根据访谈目的，列出相关问题，并合理安排问题的先后顺序，添加开放性问题，以便深入了解受访者的观点、经历和感受。之后设定访谈的开始时间、持续时间和地点，确保访谈过程顺畅，逐步深入探讨主题。

（3）设计访谈提纲，明确访谈中要探讨的问题和主题

设计访谈提纲也是确保访谈顺利进行的关键步骤。访谈提纲要具有针对性、开放性、逻辑性、敏感性和清晰度，围绕访谈目的展开，避免偏离主题。调研人员还要合理安排访谈流程，包括开场语、对话部分和结束语，确保访谈顺利进行。

2. 实施阶段

（1）进行正式访谈

调研人员要熟悉访谈问卷内容，准备记录工具，逻辑清晰地排列问题顺序，把握

好访谈尺度,及时记录重要信息,注意营造舒适融洽的访谈氛围;访谈结束后,整理访谈记录,确保内容经过受访者认可和确认。

(2) 恰当提问,准确捕捉信息

调研人员要明确访谈目的,设计有针对性的问题,确保问题逻辑清晰、连贯,在访谈中保持友好和善的态度,提问简单、清楚、明了、准确,符合受访者的认知水平。调研人员要善于倾听,准确捕捉关键信息,及时消化并适当追问,深入挖掘信息。

(3) 适当回应,保证访谈顺畅进行

访谈中适当做出回应,保持访谈顺畅进行是非常重要的。调研人员要积极倾听,展现出对受访者回答的兴趣,通过眼神接触、点头等肢体语言给予受访者反馈,同时避免直接打断受访者,让他们有足够的时间表达自己的想法。在受访者表达完一个观点或说完一段话后,调研人员及时给予简单的回应,如"我明白您的意思"或"这是一个很好的观点"。如果需要澄清或进一步了解某个观点,调研人员可以适时提问,如"您能给我举个例子吗"或"这个观点背后的原因是什么"。调研人员要尤其避免在访谈中表现出偏见或主观判断,以免影响受访者的表达。如果受访者的观点与自己预期的不符,调研人员应保持冷静,继续倾听并适时提问以深入了解。调研人员要确保访谈按照预定时间进行,如果某个话题讨论时间过长,可以适时引导到下一个话题;如果受访者偏离了主题,可以委婉地引导他们回到主题上。如果遇到敏感或具有争议性的问题,调研人员应保持冷静,给予受访者足够的空间来表达他们的观点。如果有必要,调研人员可以提前准备一些中性或开放性问题,以便在遇到敏感话题时使用。

3. 整理分析阶段

(1) 整理访谈记录,对收集到的资料进行分析

这是一个系统而细致的过程。如果访谈有录音或录像,将其转录成文字记录,确保转录的准确性,包括受访者的原话和语境。整理者将访谈内容按照主题或问题顺序进行组织,为每个主题或问题创建单独的段落或小节。在记录中标注关键信息、重要观点或引述,使用高亮、下划线或不同颜色来突出这些信息。整理者要仔细校对文字

记录，确保语言表达清晰、连贯，没有语法或拼写错误，还要仔细阅读记录，识别主要的主题和模式，将相关观点和信息归类到同一个主题和模式下，从记录中提取受访者的关键观点或见解，并注意观点或见解之间的关联和差异。整理者要分析不同受访者之间观点的一致性或差异，并尝试解释其原因。

（2）得出访谈结论，提炼有价值的信息

调研人员要分析记录中出现的潜在的问题、挑战或可能的机会。评估这些问题和挑战的严重性和紧迫性，以及可能的机会的价值。调研人员要将分析结果进行总结，形成简洁明了的报告或摘要，使用图表、列表或其他视觉工具来辅助说明分析结果，并基于分析结果，提出具有可行性和针对性的具体建议或行动计划。

通过以上步骤，调研人员可以有效地整理访谈记录，并对收集到的资料进行深入分析，从而得出有价值的结论，给出相应的建议。

三、文献调查法

（一）文献调查法的概念

文献调查法是指通过查阅、收集、甄别、统计和分析历史与现实的各种文献资料，掌握市场动态、消费者需求等信息。使用文献调查法时，调研人员不与调查对象直接打交道，而是通过查阅各种文献间接获得信息，因此又称"非接触性方法"。这种方法简便快捷，成本也低，但是具有一定的滞后性。

文献是指记录有关知识的一切载体，也就是把人类知识以文字、图形、符号、音频、视频等形式记录下来的所有资料，既包括图书、报刊、学位论文、档案、科研报告等书面印刷品，也包括文物、影片、录音、录像等实物形态的各种材料，以及计算机使用的磁盘、光盘和其他电子形态的数据资料等。

文献资料对于人类社会历史文化的发展和研究工作有着重要的价值。正是由于站在前人的肩膀上，吸收和借鉴已有的研究成果，人类智慧才提升得如此迅速。市场营销要充分地占有资料，必须进行文献研究，掌握研究动态，了解前人和他人已经取得的研究成果。文献调查也是任何科研工作的必经阶段。

文献调查法是一种既古老又富有生命力的科学研究方法。调研人员通过收集、鉴别、整理、研究文献，形成对事实的科学认识，从而全面掌握市场的实际情况，深入探究市场现象背后的原因和规律。

（二）文献调查法的特点

文献调查法是对已发生和已结束事情进行间接调查研究的方法。

1. 文献调查法的优点

（1）有助于调研人员选定主题，使调研建立在科学基础之上

市场调研工作以假说所期待或预料的相互关系开始，将观念和概念转换为收集资料的程序进行检验，然后将以这些资料为依据的研究结果转变为新的概念，从而使它们得到解释和扩展。但是，如何得到原始的观念和概念？如何在它们之间形成假说所期待或预料的相互关系？这些工作都离不开文献的收集。在众多的研究变量中，调研人员要选择一个自己感兴趣而且有意义、能够得以拓展的主题，并不容易。查阅文献可以帮助调研人员发现已经证明重要和不重要的变量，避免重复调研。

（2）调研范围不受时空限制

每个人的亲身实践和经验总是受到一定时间和空间的限制，我们无法亲历前人的生活，也不可能直接观察、访问前人的思想和活动。即使是同时代的人，受经费、时间等因素的限制，调研人员也无法对难以接近的对象进行研究。

（3）研究过程的真实性强

一般文献不是为了便于后人进行研究而留下的，而是在事件发生时被真实自然地记录下来。它们的真实性一般很强，而且调研人员在收集资料的过程中，通常不会改变这些资料，也不会受到文献资料作者直接言行的影响，从而避免了对象反应性的干扰。而这种干扰在访谈、实验等方法中很难避免，也会影响调研结果的准确性。

（4）简便易行、费用较低

与实地调查法、访谈调查法等直接接触法相比，文献调查法具有方便、自由、费用低等优点。调研人员只要查到文献，随时随地都能进行调研，不受调研对象、场所和情境等因素的限制。

（5）便于对调研对象做纵向分析

文献调查法适合对调研对象在一定时期内的发展变化进行研究。调研的目的往往是探寻某种趋势或发现某个演变过程。例如，要研究改革开放以来我国市场营销领域的人才教育和培养情况，我们不可能在时间上倒退回20世纪七八十年代去调查各大院校的情况，也不大可能采用调查法来请当事人回忆当时的情况，因为这种回忆由于主观误差太大而失去了意义。这时就可以依靠这些年积累的与市场营销教育有关的各种各样的文献资料来研究。

2. 文献调查法的局限性

（1）文献的代表性较差

文献资料大多以文字形式记载。这就决定了文献资料能否实现创新直接与文献作者的受教育程度有关。所以，从某一历史阶段保留下来的文献可能具有一定的局限性，只能反映某一社会阶段的情况，不具有代表性。

（2）可能受作者主观偏见等因素的影响

文献资料常常带有作者的主观偏见，一些个人文献出于私人利益或声誉的考虑，存在夸大、偏袒甚至捏造的问题。同时，许多文献的内容与客观事实有一定的差距。历史局限性、时代特征和阶级烙印也会不可避免地出现在文献中，这些都会对文献的信度产生影响，而文献研究者往往无法控制这些因素的出现。

（3）部分文献收集的难度较大

许多研究领域几乎没有文献可以利用，而且保留下来的文献常常由于各种原因进行了一定的选择。此外，还有一些政府机关的文献和档案出于保密原则而不外借，一些未公开发表的文献如果没有当事人的许可也不能使用。这就加大了文献的收集难度，造成文献资料不足。

（4）文献分析的信度和精确度不高

对文献信度的分析，一方面基于原始文献的真实情况，另一方面取决于调研人员的推理能力和分析能力。调研人员通常根据自己的经验对文献信度进行判断，由于缺乏统一的标准，对文献信度的分析效果难以保证。

【练习题】

1. 请阐述数据来源的分类。
2. 间接数据的缺点有哪些？
3. 文献调查法的具体内容有哪些？

第三章 调查问卷设计与测量方法

问卷调查法是在市场调研中收集数据的重要方法，调查问卷设计是其中相当重要的环节。本章主要介绍调查问卷设计和测量方法的相关内容。

第一节 调查问卷设计

一、调查问卷的概念

问卷是社会调查研究中用来收集资料的一种工具，通常以问题的形式系统地记载调查内容，可以是表格式、卡片式或簿记式，其可以是书面形式，也可以是口头形式，能将某个或某组题目的相关问题组合起来。通过这些问题，调研人员可以了解调查对象的观点、态度、行为等重要信息。问卷的历史可以追溯到19世纪，当时经验社会调查广泛开展，马克思曾制作了一份工人调查表，以全面了解工人的劳动、生活和思想状况。20世纪以来，结构化的问卷越来越多地被用于定量研究，其与抽样调查相结合，成为社会学研究的主要方式之一。

调查问卷又称调查表，是调研人员根据一定的调研目的和要求，按照一定的理论假设设计，由一系列问题、调查项目、备选答案及说明组成，向调查对象收集资料的一种工具。

二、调查问卷的类型

按照不同的分类标准，我们可以将调查问卷分为不同的类型。

（一）根据市场调研中使用调查问卷的不同方法进行分类

根据市场调研中使用调查问卷的不同方法，可以将调查问卷分为自填式问卷和代填式问卷两大类。

1. 自填式问卷

自填式问卷是指由调研人员发放或邮寄给调查对象，由调查对象自己填写并返回的问卷。

（1）自填式问卷的优点

可以节省时间、经费和人力，具有很强的匿名性，能够减轻调查对象的心理压力，有利于收集到客观真实的资料，还可以避免某些人为误差。

（2）自填式问卷的缺点

问卷的回收率有时难以保证，且对调查对象的文化水平有一定的要求。因此，调研人员在设计自填式问卷时，需要确保问卷结构严谨，有清楚的说明，以便调查对象能够理解并完成问卷。

自填式问卷在社会调查研究中具有广泛的应用，是帮助调研人员加深对目标群体了解的重要工具。

2. 代填式问卷

代填式问卷是由调研人员按照事先设计好的问卷或问卷提纲向调查对象提问，然后根据调查对象的回答进行填写的问卷。

（1）代填式问卷的优点

代填式问卷能让调研人员更好地控制调研过程，提高回答率和调查结果的真实性。调研人员可以直接与调查对象交流，确保问卷的填写符合规范，减少误差和遗漏。由于调研人员的直接参与，调查对象更可能配合完成问卷，提高回答率。同时，调研人员可以及时解释问卷内容，减少误解，使得到的问卷结果更贴近实际情况。

（2）代填式问卷的缺点

代填式问卷需要投入大量的调研人员，增加了人力成本。当面访问或电话访问的方式增加了调研的时间成本，这在大规模调查中表现得更为明显。由于成本和时间的限制，代填式问卷的调查范围和规模受到一定的限制，可能导致收集的资料不够全面。对于敏感问题或隐私问题，代填式问卷所取得的效果可能不如自填式问卷，因为自填式问卷可以提供匿名保护，减轻调查对象的心理负担。

代填式问卷在社会调查中也有广泛的应用。调研人员在实际应用中需要综合考虑各方面因素，采取相应的问卷优化措施，以提高调查效率和质量。

（二）根据不同的问卷发放方式进行分类

根据不同的问卷发放方式，可以将调查问卷分为送发式问卷、邮寄式问卷、报刊式问卷、人员访问式问卷、电话访问式问卷和网上访问式问卷六种。

1. 送发式问卷

送发式问卷是调研人员将调查问卷送发给选定的调查对象，待调查对象填答完毕之后再统一收回的一种问卷类型。送发式问卷也称留置问卷，其特点是调研人员亲自将问卷送到调查对象手中，并等待其填写完毕后回收，这种方式确保了问卷的送达和回收，有助于提高问卷回收率。送发式问卷适用于调查范围较小、调查对象相对集中的情况。

（1）送发式问卷的优点

送发式问卷能有效保证问卷的回收率。相较于其他问卷发放方式，送发式问卷的效率和回收率都更高。送发式问卷能保证调查对象的匿名性，特别是在涉及个人隐私、社会禁忌或其他敏感问题时，能减轻调查对象的心理压力。送发式问卷一般设计规范，便于定量处理和分析，提高了数据处理的标准化程度。送发式问卷，特别是邮寄、电子邮件或微信发送，能节省时间成本。

（2）送发式问卷的缺点

送发式问卷需要投入大量的人力、物力，包括调研人员的时间、交通费用等，导致成本相对较高。由于需要等待调查对象填写完毕并回收问卷，整个过程耗时较长，这在大规模调查中表现得更加明显。

综上所述，送发式问卷是一种有效的市场调研工具，其在需要实现高回收率和调查对象相对集中的情况下尤其适用。

2. 邮寄式问卷

邮寄式问卷是一种将设计好的调查问卷邮寄给调查对象，由其填写后寄回的问卷类型。

（1）邮寄式问卷的优点

邮寄式问卷的成本比较低，与其他访问方法相比，邮寄调查是原始资料调查中较为经济、便捷的资料收集方法。邮寄式问卷可以不受调查对象所在地域的限制，扩大调查空间。对于人们不愿公开讨论而市场决策有需要的敏感问题而言，邮寄式问卷可以说是一种相当好的方式。邮寄式问卷可以让调查对象有更加宽裕的时间作答，便于其深入思考或从他人那里寻求帮助。邮寄式问卷尤其适用于难以面对面进行调研的人群。

(2) 邮寄式问卷的缺点

邮寄式问卷的回收率往往较低,会影响样本的代表性。同时,邮寄式问卷回收期长,直接影响调查资料的时效性。此外,邮寄式问卷缺乏对调查对象的直接控制,可能无法确保问卷的有效填写,可能会出现错误的答复或不真实的信息。

综上所述,邮寄式问卷在实际应用中存在一定的局限,需要结合其他调查方法以提高调查效果和数据质量。

3. 报刊式问卷

报刊式问卷是将设计好的问卷刊登在定期出版物(如报纸、杂志)上,以收集相关资料的问卷类型。

(1) 报刊式问卷的优点

报刊式问卷能够在较大范围内快速进行调查且成本较低,适用于短期内开展的大范围调查。报刊式问卷具有较强的匿名性,便于收集敏感问题和隐私问题的真实资料。

(2) 报刊式问卷的缺点

由于调查对象局限于报刊读者且只有对调查问题感兴趣的人才会回答,因此样本可能不具有代表性,根据样本来推论总体时可能存在问题。报刊式问卷的回收率有时难以保证,可能影响调查结果的可靠性。

综上所述,报刊式问卷具有简便快捷、匿名性强等优点,但也具有样本偏差和回收率难以保证等缺点。

4. 人员访问式问卷

人员访问式问卷的核心在于训练有素的调研人员向调查对象提出问题,并记录他们的回答。这种方式与传统的自填式问卷(如邮寄问卷或网络问卷)形成鲜明对比,后者是由调查对象自己阅读并填写问卷。在人员访问式问卷中,调研人员扮演着至关重要的角色。他们不仅负责向调查对象提出问题,还要确保问题的准确传达,并在调查对象回答时给予必要的帮助或进行必要的解释。此外，调研人员还需要观察调查对象的反应，以便更好地理解他们的回答和态度。

（1）人员访问式问卷的优点

调研人员可以根据调查对象的回答和反应，灵活地调整问题或解释，以确保收集到准确和有用的信息。由于调研人员直接参与，人员访问式问卷通常具有较高的回收率。调研人员可以对部分问题进行深入追问，以获取更详细、更深入的回答，这对于探索性研究特别有用。

（2）人员访问式问卷的缺点

人员访问式问卷是所有访谈法中成本最高的，包括调研人员的培训费、交通费、工资等。调查结果的质量在很大程度上取决于调研人员的访问技巧和应变能力。同时，人员访问式问卷匿名性差，对一些敏感问题，往往难以收集资料。此外，人员访问式问卷调查周期较长，拒访率较高，影响样本的代表性。

综上所述，在选择人员访问式问卷时，需要仔细考虑其优缺点，并确保调研人员得到充分的培训和指导。

5. 电话访问式问卷

电话访问式问卷是通过电话对调查对象进行访问调查的问卷类型。其特点在于调研人员通过电话向调查对象提问，并根据调查对象的口头回答来填写问卷。这种方式具有较高的应答率和较强的可控性，调研人员可以确保调查对象独立回答问题，并按照问卷中问题的设计顺序进行回答，从而保证回答的完整性。

（1）电话访问式问卷的优点

电话访问不需要调研人员分别登门访问，单位时间内完成的访问量较多，适合急需收集资料的情况。选择电话访问式问卷方式，可以节省交通及寻找调查对象的时间，能够提高工作效率，降低成本。电话访问式问卷的覆盖范围广，可以对任何有电话的地区、单位和个人进行调查。

(2) 电话访问式问卷的缺点

电话访问采用的是不与调查对象见面的方式，容易被拒答。受通话时间限制，调查内容深度有限。电话访问式问卷的结果只能推论到有电话的对象，不利于实现资料的全面性。此外，电话访问式问卷无法使用视觉辅助，如无法展示图片等视觉材料。在调研中使用电话访问式问卷，难以直观判断调查对象回答的真实性。

综上所述，在设计电话访问式问卷时，需要考虑听觉功能的局限性、通话时间限制、记录的需要以及记忆的规律等因素。此外，调研人员在电话访问过程中需要保持专业的态度，确保问卷各项资料的真实性。电话访问式问卷因易于理解和操作，被广泛应用于各种市场调查和研究。

6. 网上访问式问卷

网上访问式问卷是指通过网络途径，由调研人员询问调查对象，并记录调查结果的问卷形式。网上访问式问卷结合了访问式问卷和网络问卷的特点。

(1) 网上访问式问卷的优点

网上访问式问卷利用网络技术，可以快速、高效地进行调查，节省时间和人力成本。网上访问式问卷可以针对特定群体进行调查，提高调查的针对性和有效性。调研人员可以实时与调查对象沟通，解答疑问，提高应答率；也可以确保调查对象按问卷设计顺序回答问题，保证回答的完整性。

(2) 网上访问式问卷的缺点

网络的开放性和匿名性可能导致问卷数据的真实性和可靠性受影响。技术故障和网络延迟也可能影响数据收集的准确性和完整性。不同地区、不同年龄段、不同社会群体的参与者可能导致调查结果出现偏差。某些群体可能倾向于参与，而其他群体则可能倾向于不参与。大量数据的处理和分析也是一大挑战，需要耗费大量的人力、物力。数据格式不统一和质量不确定增加了数据处理的难度。由于问卷涉及参与者个人信息，隐私保护也成为这一过程中的重要问题，数据泄露或滥用可能会对参与者个人隐私造成损害。

综上所述，网上访问式问卷在社会调查中具有广泛的应用前景，特别是在需要快速、高效收集特定群体意见和反馈的场景中。

三、调查问卷的基本要求

从形式上看，调查问卷要版面整齐、美观，便于阅读和作答，这是确保调查问卷质量和提高调查效果的重要方面。具体来说，调查问卷的版面设计应避免拥挤，信息要清晰，问题间隔要适当，以免调查对象回答时串行出错或后期编码录入错误。调查问卷中的重要部分应突出显示，答题规则或跳问提示要明确，以提高答题的准确性。调查问卷的纸张和印刷质量也应达到一定的标准，装订要整齐，以给调查对象留下良好的第一印象，增强其参与调查的意愿。调查问卷的形式设计不仅关乎其外观美感，更直接影响调查数据的准确性和有效性。

从内容上看，一份好的调查问卷至少应满足以下几个方面的要求。

（1）问题设计合理

调查问卷的问题设计合理是确保调查质量和数据准确性的关键。在设计问题之前，要清晰地界定调查目的和目标，确保问题设置紧密围绕相关需求进行。然后根据调查内容选择合适的问题类型，如单选、多选、填空等，以便更好地了解调查对象的观点和行为。问题设计应保持中立，避免使用可能引导调查对象回答的措辞。调查问卷应简洁明了，避免设计冗长、复杂的问题，确保问题易于调查对象理解和回答。调查问卷在正式发布前，要进行预测试，根据相关反馈进行修改，确保问题的有效性和可靠性。

（2）调查目的明确

在设计调查问卷之前，必须明确调查目的。这意味着在设计调查问卷之前，要清晰地确定希望通过调查问卷获取哪些具体信息，以及调查的主题和目标是什么。例如，是为了进行市场研究、用户满意度调查，还是为了进行消费者行为研究等。明确调查目的有助于设计更有针对性、更有效的问题，确保收集到的数据能够满足决策需求。在设计调查问卷时，还需要考虑调查对象的特征、兴趣点和可能的回答偏好，以及编辑和数据处理的需要，从而确保调查问卷能够有效提供决策所需的信息。

(3) 便于进行数据处理

调查问卷的设计要便于进行数据处理，以确保调查效果，还要充分考虑后续的数据统计和分析工作，使问卷上的题目和答案易于录入，并能进行具体的数据分析。这要求问卷设计人员具备统计学、社会学等多方面的知识，并清楚调查目的，熟悉项目的访问过程。同时，调查问卷的选项设计应遵循穷尽性、互斥性、简便性、准确性和定序选项方向一致性等原则，以确保数据的全面性和准确性。此外，数据处理人员也应了解调查的背景和目的，以便在分析数据时思路清晰，避免被动。通过这些措施，可以确保调查问卷设计便于后期的数据处理，提高调查效果和数据质量。

四、问卷的基本结构

（一）说明信

说明信是调研人员为顺利进行调研工作而向调查对象做出的简短说明，主要介绍调查的目的、意义、选择方法以及问卷填写说明等，一般放在问卷的开头。有些问卷的说明信还会交代交表地点及其他事项；有些问卷则加上一些宣传内容，以使说明信更具说服力。调查问卷说明信模板如图3-1所示。

调查问卷说明信

尊敬的受访者：

您好！

我们正在进行一项关于（**调研主题**）的调研活动，旨在深入了解（**具体目标或背景**），以便为（**相关领域/行业/政策**）提供有价值的参考和建议。您的意见和看法对我们非常重要，因此特此邀请您参与本次调研。

本问卷共包含（**问卷题目数量**）个问题，主要涉及（**简要描述问卷内容或涉及的方面**）。我们承诺，您的所有回答将仅用于本次调研目的，并将严格保密。

在填写问卷时，请您根据自己的实际情况和真实感受进行回答。您的每一个回答都将对我们产生重要的帮助。同时，我们也希望您能够尽可能地提供详细和准确的信息，以便我们更好地进行分析和研究。

为了感谢您的参与和支持，我们将在调研结束后，向您提供一份关于本次调研结果的简要报告（如您愿意的话）。同时，您的联系方式也将仅用于本次调研的后续沟通，并不会泄露给任何第三方。

　　如果您在填写问卷过程中有任何疑问或需要进一步的帮助，请随时与我们联系。您可以通过以下方式与我们取得联系：**（提供联系方式，如电话、邮箱等）**。

　　再次感谢您的参与和支持！我们期待您的宝贵意见和看法，相信您的参与将为我们的调研活动增添重要的价值。

　　敬请留意，本问卷的填写截止日期为**（具体日期）**。请您在截止日期前完成问卷的填写，并通过**（提交方式，如电子邮件、在线提交等）**将问卷提交给我们。

　　祝您生活愉快，万事如意！

（调研组织或团队名称）
（日期）

注：以上模板中加粗内容为可更改内容，研究者根据实际情况加以描述。

图 3-1　调查问卷说明信模板

（二）调查内容

　　调查内容是调查问卷中最主要的部分，也叫正文部分，主要包括指导语、问题及其回答方式、问卷编码、结束语。该部分是调查问卷的主体部分，也是调查问卷设计的关键部分。

1. 指导语

　　指导语就是调查问卷的开场白，用于指导调查对象填写问卷。指导语在调查问卷中具有三项重要功能：一是建立初步的心理融洽，激发调查对象回答的意向或动机；二是消除调查对象的顾虑；三是通俗简明地阐述需要调查对象回答的内容和回答的具体要求。在撰写指导语时，应确保文字简洁亲切，既不要太随意，也不要遗漏所要传达的重要信息，避免因表达之误使调查对象产生困惑或歧义。指导语的内容可以包括关于选出答案后如何做记号的说明、关于选择答案数目的说明、关于填写答案要求的说明、关于答案适用于哪些调查对象的说明、关于答案或问题内容的说明等。图 3-2 为调查问卷指导语的模板。

调查问卷指导语

尊敬的受访者：

您好！感谢您抽出宝贵的时间参与我们的调研。在开始填写问卷之前，请您先阅读以下指导语，以确保您的回答能够准确、有效地反映您的观点和情况。

（1）填写要求

请您根据自己的实际情况和真实感受，认真、仔细地回答每一个问题。您的每一个回答都对我们非常重要。

（2）保密承诺

我们承诺，您的所有回答将仅用于本次调研，并将严格保密。您的个人信息和回答内容不会泄露给任何第三方。

（3）选项选择

对于问卷中的问题，请您在提供的选项中选择最符合您看法或情况的一项。如果问题允许多项选择，请按照您的实际情况进行勾选。

（4）开放性问题

对于开放性问题，请您尽可能详细地描述您的观点、感受或经历。您的具体描述将为我们提供更加丰富的信息。

（5）填写完整性

请您确保填写完问卷中的所有问题，不要遗漏任何一项。您的完整回答对我们得出准确的调研结果至关重要。

（6）提交方式

完成问卷后，请按照提供的提交方式将问卷提交给我们。如果您在提交过程中遇到任何问题，请及时与我们联系。

再次感谢您的参与和支持！您的宝贵意见和看法将对我们产生重要的帮助。如果您在填写问卷过程中有任何疑问或需要进一步的帮助，请随时与我们取得联系。

图 3-2　调查问卷指导语的模板

2. 问题及其回答方式

在设计调查问卷时,问题的类型及其回答方式是关键考虑因素。调查问卷的问题主要包括开放式问题、封闭式问题和混合式问题。开放式问题允许调查对象自由表达观点,如"你对公司的产品或服务质量有何评价"。封闭式问题提供固定选项供调查对象选择,如"你对目前的产品或服务满意吗?"(满意/不满意)。混合式问题是结合开放式问题和封闭式问题,先提供选项,再允许调查对象自由补充,如对满意度进行封闭式提问后询问具体改进建议。在回答方式的设计上,要确保清晰、简洁,并考虑调查对象的背景和特点,以便收集到准确、有价值的信息。

3. 问卷编码

问卷编码是将问卷中的语词或句式回答转换为便于分析和计算机识别的数字、字符、字母符号的过程。这一过程主要包括确定问题回答分类标准,为每个问题的回答和每个可能的回答类别选定相应的数码,并在计算机卡片上选择包括各变项所需数码的适当的纵行。

问卷编码的类型主要包括置前编码、置后编码和无回答编码。置前编码是对调查问卷中的封闭式问题答案结构的预先编码,置后编码是对调查问卷中的开放式问题答案结构进行编码,而无回答编码则是对调查问卷中无回答的问题答案结构进行统一编码。此外,问卷编码还可以根据编码的观点数量分为一元编码、多元编码,以及在问卷页边上直接进行的页边编码。

4. 结束语

结束语是问卷的最后一部分,用于感谢调查对象的参与,并可能包含一些额外的信息或说明。结束语应当简洁明了,同时表达对调查对象所付出的时间和努力的感激之情。结束语可以根据问卷的具体内容和目的进行适当调整,以确保与整体问卷风格和语境相一致。

结束语一般放在问卷的最后,用来简短地对调查对象的合作表示感谢,也可征询调查对象对问卷设计和问卷调查本身的看法和感受。

5. 设计调查问卷需要注意的事项

（1）确定所要收集的信息和资料

在设计问卷以确定所要收集的信息和资料时，需要遵循一系列步骤和原则，以确保问卷的有效性和所收集数据的准确性。在调查前，须审慎确定所要调查的对象，还要考虑在市场细分的前提下，实行差别化营销策略还是无差别化营销策略，也要分析调查对象是否为企业所针对的目标对象，这样可以提高调查信息的有效性。

（2）根据问卷的调查方式确定调查内容

问卷调查方式不同，其设计方式及内容的简繁程度也不同，因此，在决定问题内容时，必须使问题切题，不要出现与调查目的无关的题目。首先，明确调查目标与问题。在实施问卷调查前，需要明确调查目的和主题，以便设计有针对性的问题和选项。其次，根据实际情况选择合适的调查方法，如线上问卷、线下问卷、混合模式等。再次，根据调查方式和目的，设计问卷结构，如导言、个人信息、问题和答案、结束语等部分，确保问题简洁明了、答案选项互斥且完备。最后，根据调查目的和主题确定样本大小和特征，选择合适的抽样方法。

（3）确定问题形式

在进行市场调研时，调查问卷的问题形式一般有以下几种。

①开放自由式问题。

开放自由式问题指无设定答案，由调查对象自由回答的问题，这是问卷设计中常见的一种问题类型。这类问题不对答案进行限制，允许调查对象根据自己的理解和经验，用自己的语言进行回答。这种方式可以鼓励调查对象表达自己的观点和判断标准，提供出人意料的、更丰富的信息，有助于探究调查对象在特定问题方面的已有深度。例如，请问您或您的家人最喜欢的牙膏品牌有哪些？

②二分式问题。

二分式问题指设置两个对立选项供调查对象选择的问题类型。这种问题类型通常要求调查对象从两个对立的答案中选择一个，如"是"或"不是"、"对"或"错"、

"同意"或"不同意"等。二分式问题因简单明了、易于理解和回答,而广泛应用于各类问卷中,如心理健康问卷、生活质量问卷、健康行为问卷等。在设计二分式问题时,要确保问题表述清晰,避免歧义,且两个选项应互斥且完备,以确保收集到的数据准确有效。此外,尽管二分式问题在某些情况下非常有用,但也应注意其局限性,避免将复杂问题过度简单化,导致信息丢失。例如:请问您会不会开汽车? A.会;B.不会。

③多选式问题。

多选式问题是一种常见的问卷设计形式,一般是针对相关问题列举几个答案,让调查对象在限定的答案中选,尤其适用于收集调查对象在几个选项中表达偏好的数据。但此类设计可能由于答案的多样性而增加数据分析和处理的复杂性。例如:请问您使用过以下哪些品牌的洗发水? A.飘柔;B.海飞丝;C.拉芳;D.夏士莲;E.沙宣。

④顺位式问题。

顺位式问题又称序列式问题,是在多项选择的基础上,要求调查对象将相关问题的答案,按自己认为的重要程度或喜欢程度排序。顺位式问题一般分为两种:一种是预先给出多个答案,由调查对象定出先后顺序;另一种是不预先给出答案,由调查对象按先后顺序自己填写。顺位方法主要有两种:一种是对全部答案排序;另一种是只对其中的某些答案排序。具体采用何种方法,应由调研人员根据实际需要来确定。顺位式问题因其灵活性和适应性强的特点,在需要回答的答案类型很多或事先无法确定各种可能答案的情况下,具有独特优势。例如:请问你在选购电冰箱时,认为哪些方面最重要、次重要和最不重要? A.功能多;B.制冷性强;C.省电;D.保修期长;E.服务好。

(4)选择问题用语

问卷的问题用语要明确、有针对性,并考虑逻辑和信效度。在设计问卷问题时,用语应简洁明了,能够准确反映调查目的和内容。问题应具有代表性,能够让调研人员有针对性地了解调查目标。同时,问题的逻辑顺序也很重要,应根据调查对象的回答来显示或隐藏某些问题,以获得更详细的反馈。此外,还要考虑问卷的信度和效度,确保调查数据有分析价值。例如:要求客户对问题给出评分,将非数量化问题进行量化处理,选择合适的评定量表。常用于衡量客户态度和意见的评定量表是李克特量表,其对于每一陈述有"非常同意""同意""不一定""不同意""非常不同意"五种回答。

（5）决定问题的先后顺序

问卷中问题的先后顺序需要遵循一定的原则，以确保调研的有效性和调查对象的良好体验。问卷中的问题应按逻辑上的先后顺序排列，使问题之间具有明确的因果关系或逻辑关系。问卷问题可以先易后难，先简后繁，先具体后抽象，逐步增加难度，也可以把能引起调查对象兴趣的问题放在前面，把敏感问题和人口统计方面的问题放在最后，以减轻调查对象的心理负担。在设计问卷时，一般先放行为方面的问题，再放态度、意见、看法方面的问题，最后放与个人的背景资料有关的问题；封闭式问题在前，开放式问题在后。设计问卷时要进行问题答案的预测和检验，并根据实际情况对问题的次序进行调整。

（6）问卷的版面布局

问卷的版面布局是问卷设计的重要环节，对于收集资料的成效有很大的影响。版面布局应简洁明了，避免过于复杂或混乱，以便调查对象能够轻松理解和作答。回答问题所留的空白区域应充足。同时，问题的编号和类型应在页面顶部标明，便于调查对象快速定位。问卷的字体、字号和格式应保持一致，以确保问卷的整体美观性和较强的易读性。同时，问题的顺序应具有逻辑性和连贯性，避免调查对象的思绪中断。在某些开放式问题后面应留出充足的空白区域，以便调查对象填写其意见或建议，从而方便信息的收集以及日后的信息处理。

（7）预调查

预调查是在正式调查之前进行的规模较小的具有实验性质的调查。预调查的目的在于模拟真实的问卷收集过程，以便发现正式收集情况下可能出现的问题，检验问卷设计的可行性和收集样本的可靠性。

预调查主要用于评估大规模调研的可行性，通过收集有限范围内的数据来检验问卷设计的合理性和样本的代表性。预调查的样本应具有代表性，包括各种调查对象类型，如不同年龄、性别、职业、地区等。设计预调查问卷时，需要注意问题的表述方式、顺序和选项的完整性。预调查可以通过在线调查、电话调查或面对面采访等方式进行。分析预调查结果时，应关注样本分布、信度分析等指标，并与正式问卷的结果进行比较，以确定是否需要进行调整和改进。

(8) 修订及定稿

问卷的修订及定稿是问卷设计过程中的重要环节，旨在确保问卷的有效性和可靠性。修订过程主要包括对回收的问卷资料进行详细的校订，以确定所收集资料的有效性和合理性。修订内容包括：检查调研人员是否按抽样调查的要求访问、样本单位是否正确；答案是否明确、清晰和完整；回收的问卷、访问报告和观察记录上的字迹是否清晰；回收的答案是否有前后矛盾的问题等。在修订过程中，还要对特殊问题（如空白答案、不知道答案和多项答案）进行特殊处理。定稿则是在修订完成后，形成最终的问卷版本，用于正式发布和收集数据。通过严谨的修订及定稿过程，可以确保问卷的质量和调查结果的准确性。

第二节 测量方法

一、测量

(一) 问卷测量

测量是指调查对象的观点、感受和态度等主观信息转化为客观数据的过程。问卷测量是通过设计问题收集特定信息的统计工具。它涉及向目标群体发放问卷，以书面形式收集他们的意见、观点和看法。这些问题可以是封闭式的，要求调查对象回答"是"或"否"，或者选择一个答案选项；也可以是开放式的，要求调查对象提供更多的细节或想法。问卷测量可以用于市场研究、学术研究、社会调查等多个领域，以便研究者能够定量地描述和分析目标群体的特征与行为。通过问卷测量，调研人员可以了解调查对象的观点、态度、行为等重要信息，进而收集资料，建立和检验理论假设，进行实验分组和描述评价等。

(二) 问卷测量的分类

问卷测量包括定性测量和定量测量两种方式。定性测量是基于描述性信息，通过解释性文字或图片来表示调查对象的回答；而定量测量则是通过数字来表示调查对象的回答。

1. 定性测量

定性测量也称定性分析，是从质的方面进行分析的研究方法，旨在确定调查对象是否具有某种性质或确定引起某一现象变化的原因和变化过程。定性测量通常涉及对调查对象的描述、分类、解释等，以获取其特征、状态、行为等信息。定性测量的方法有访谈法、观察法、文件分析法和焦点小组法。访谈法是通过与调查对象面对面进行交流，获取其看法、意见、经验、态度等信息。观察法是观察调查对象的行为、动作、环境等方面的特征，获取相关信息。文件分析法是通过阅读、解读和分析各种文件，如公文、报告、信件等，获取相关信息。焦点小组法是邀请一组有代表性的调查对象参加讨论，获取他们的看法、态度、经验等信息。定性测量在多个社会领域有广泛的应用，其在需要快速、简便、低成本地获取初步信息时更为常用。

2. 定量测量

市场调研中的定量测量是一种基于数据的市场调研方法，旨在通过收集和分析大量数据，得出客观的可量化的结论。定量测量的常见方法有问卷调查法和实验法。问卷调查法通过向目标受众发放问卷，收集他们的意见和看法，具有受众范围广、收集数据快的优点。实验法通过控制实验条件，观察和分析实验结果，得出相关市场现象的结论。实验法能明确变量之间的关系。定量测量的结果具有客观性和较高的可信度，可用于跨时间、跨地域、跨群体的比较和验证，但数据收集和分析的成本较高，且数据的解释和应用需要较强的专业知识和经验。

二、信度和效度

（一）信度

1. 信度的定义

信度是指测量工具（如问卷、量表）的一致性、稳定性和可靠性，即多次测量结果的一致程度。信度高的测量工具能够在不同时间、不同情境下对同一对象产生相似的结果。信度是确保分析结果有效性和可靠性的重要基础。

2. 信度分析

信度分析是评估测量工具在相同条件下重复测量时的一致性和稳定性的过程。它是衡量测量工具可靠性的重要指标,确保在不同时间、不同情境下,同一对象能得到相似的测量结果。

3. 信度系数

信度系数是衡量测量工具可靠性的重要指标,表示测量结果的稳定性和一致性程度。它通常以相关系数表示,用于评估采用同样方法对同一对象重复测量时所得结果的一致性。信度系数的值越高,表示测量工具的可信度越高。在实际应用中,信度分析主要用于量表数据,以确保样本回答结果的可靠性。如果信度系数较低,就可能需要对问卷进行修改。

4. 信度的评估方法

信度的评估方法主要有重测信度、复本信度和内部一致性信度。

(1) 重测信度

重测信度是指用同一个量表对同一组被试施测两次所得结果的一致性程度,其大小等于同一组被试在两次测验上所得分数的皮尔逊积差相关系数。重测信度反映了测验跨越时间的稳定性和一致性,是测量信度的一种方法。其特点是用同一工具对同一批对象施测两次,在允许重测的情况下计算,反映了测量结果跨时间的稳定性。需要注意的是,重测信度所测量的心理特性必须是稳定的,遗忘和练习的效果基本上相互抵消。两次施测的间隔内,被试在所要测查的心理特质方面没有获得更多的学习和训练。所测特质本身应具备一定的稳定性。例如,成熟过程会使个体发生自然变化,知识的逐步积累、因练习而产生的熟练程度提升以及记忆效果的差异等个体差异因素,还有诸如突发的环境干扰、临时的身体不适等偶发因素,均可能给测量结果带来误差,这些都会对重测信度产生影响,需要在考量和评估重测信度时加以分析与甄别。

(2) 复本信度

复本信度是心理测量学中评估测验信度的重要指标。它指的是使用两个在难度、长度、排布、内容上尽可能相似的平行测验(复本)来测量同一批被试,然后计算这两个复本测量结果之间的相关系数。复本信度有以下两种类型:一种是同时连续施测两个等值测验的信度,又称等值性系数;另一种是相隔一定时间分两次施测两个等值测验的信度,又称稳定性与等值性系数。复本信度的误差主要取决于以下两个方面:一是测验的两种形式是否等值,包括测题取样、格式、内容、题数、难度等是否一致;二是被试的情绪波动、动机变化,以及测验情境的变化和偶发因素的干扰。复本信度与其他信度指标相比的突出优势在于不受时间因素等的干扰。

(3) 内部一致性信度

内部一致性信度用于评估测验题目间的一致性。它可以反映测验题目是否测量了相同的内容或特质,是测量信度的一种有效方式。内部一致性信度包括组合信度及多种计算信度的系数,如克隆巴赫系数、分半信度系数等。这些系数通过分析题目间的相关性来评估测验题目的内在一致性。若题目间得分正相关系数高,则测验被视为同质;若得分正相关系数低,则测验被视为异质。内部一致性信度对于确保测验结果的可靠性和有效性至关重要,尤其是在能力测验和心理评估中。高信度系数意味着测验结果更一致、稳定,从而提高了评估的准确性。在实际应用中,研究者需要关注如何提高测验的内部一致性信度,以确保评估结果的质量和可靠性。

(二) 效度

1. 效度的定义

效度即有效性,指测量工具能准确测量被测事物的程度。它是科学测量工具最重要的质量指标之一,反映了测量结果与所要考察内容的吻合程度。效度具有相对性和连续性,是针对特定测量目的而言的,通常用相关系数表示。在市场营销研究或消费者心理测量中,选择高效度的测量工具对于准确评估被测者的真实水平至关重要。

2. 效度分析

效度分析是评估测量工具或方法能够准确、有效地测量被测内容或特质的程度的过程。它是衡量测量质量的重要指标,对于确保研究结果的准确性和可靠性至关重要。在效度分析中,要考虑内容效度、准则效度和结构效度。内容效度关注测量工具是否充分涵盖了所测量的概念或领域的各个方面。准则效度则是通过与外部标准或准则的比较来评估测量的有效性。结构效度则关注测量工具在理论框架内的逻辑结构和一致性。

进行效度分析时，调研人员需要采用多种方法来收集和分析数据，以确保测量工具的准确性和有效性。这可能包括专家评审、统计分析、与其他测量工具进行比较等。通过这些方法，调研人员可以评估测量工具在不同情境中的表现，并确定其是否适合用于特定的研究目的。

效度分析是评估测量工具质量的关键步骤，它有助于确保研究结果的准确性和可靠性，并为改进测量工具提供指导。在心理学、教育学、社会学等领域的研究中，效度分析都扮演着重要的角色。

3. 效度的基本要求

效度是指问卷真正达到测量目的、正确衡量调研人员所要了解的属性的程度。效度有两个基本要求：一是测量的是被测的属性，而非其他属性；二是测量方式能准确测量该属性。

4. 效度评价

效度评价非常重要，低效度的问卷往往无法达到测量目的。但效度评价也是十分复杂和困难的。调研人员可以从以下三个角度进行效度评价：一是问卷内容切合主题的程度；二是测量调查结果与有关标准的相关程度；三是从实证角度分析其结构效度。在市场调研的相关研究中，效度的评价往往采用定性方法。

【练习题】

1. 设计调查问卷的基本要求有哪些？
2. 调查问卷的结构包括哪些内容？
3. 请阐述信度评价和效度评价的具体内容。

第四章 数据清洗

第一节 数据清洗概述

一、数据清洗的定义

数据清洗是对原始数据进行处理、清理和转换的过程,旨在发现并纠正数据文件中的错误,提高数据的质量和准确性,使其更适合进行后续的分析和建模。数据清洗包括检查数据一致性、处理无效值和缺失值等任务。它是数据预处理的关键步骤,通常由计算机自动完成。数据清洗的难点在于数据量大、数据来源多样以及时间成本高等。为了更有效地进行数据清洗,可以使用专业的数据处理工具。比如,FineDataLink 提供了数据过滤、新增计算列、数据关联等多种功能,可以帮助用户快速完成数据清洗和处理。

数据清洗是数据处理和分析过程中的关键步骤,旨在提高数据质量,确保数据的准确性、可靠性和一致性。这个过程涉及识别并纠正数据中的错误、异常值、缺失值等,以确保数据集的纯净度和可用性。如果不进行数据清洗,就可能导致企业运营效率低下、决策依据错误等。

二、数据清洗的步骤

（一）数据审查

数据审查是对数据进行全面检查和分析的过程，旨在确保数据的准确性、完整性、一致性和及时性，了解数据的结构、特征、属性等，为后续清洗工作打好基础。数据审查具体包括以下几个方面的内容。

1. 准确性审查

准确性审查是检查数据记录的信息是否准确，是否存在异常或错误的信息，如乱码、异常数值等。

2. 完整性审查

完整性审查是评估数据的记录和信息是否完整，是否存在缺失的情况，包括记录的缺失和记录中某个字段信息的缺失。

3. 一致性审查

一致性审查是审核数据记录是否符合规范，是否与前后及其他数据集保持统一，包括数据编码、格式、逻辑一致性等。

4. 及时性审查

及时性审查是检查数据是否按照规定时间报送，以及数据从产生到可以查看的时间间隔是否合理等。

（二）处理缺失值

处理缺失值是数据清洗的重要组成部分，对数据分析和机器学习模型的准确性和性能有重要的影响。处理缺失值的常见方法如下。

1. 删除法

删除法就是直接删除含有缺失值的行或列,其适用于缺失值数量较少或对分析结果影响较小的情况,但可能导致信息丢失。

2. 填充法

填充法就是使用均值、中位数、众数等统计量来填充缺失值,或者利用更高级的方法,如基于相似记录的填充或机器学习算法来预测并填充缺失值。

3. 插值法

插值法适用于连续型数据的缺失值填充,通过已知数据点的信息来估计未知点的值。

(三)处理异常值

处理异常值是数据清洗的重要环节,旨在提高数据质量和分析结果的准确性。处理异常值的方法主要包括以下几种。

1. 删除

删除适用于异常值数量较少且对整体数据影响不大的情况。删除异常值能够减少其对数据分析的干扰。

2. 替换

替换是用均值、中位数、众数等常用值替换异常值,或通过回归、插值等方法估算合理值进行替换。

3. 分箱处理

分箱处理就是通过将数据按特定规则分组,实现数据的离散化,旨在增强数据的稳定性,降低过拟合风险。分箱处理通过考察相邻的值来平滑存储数据的值,实现局部平滑,具体来说就是将数据分成若干区间,把落在同一区间的数据视为一个整体进行处理，以减少异常值的影响。分箱处理包括等深分箱和等宽分箱，需要根据具体数据和需求选择合适的分箱策略和数据平滑方法。在数据清洗过程中，分箱处理有助于提高数据质量，为后续数据分析和建模提供更为可靠的数据基础。

4. 离群点检测

离群点检测也称异常检测，是识别数据集中与常规实例显著不同的实例的过程。这些异常实例被称为离群点或异常值，而正常实例被称为内部值。离群点检测在多种应用中发挥着重要作用，如欺诈识别、制造中的缺陷产品检测以及数据清理。离群点检测的方法多种多样，包括统计方法、聚类和降维算法以及监督学习算法等。统计方法通过计算数据点的分布和偏离程度来识别异常值；聚类和降维算法则利用数据点的密度和重建误差来检测离群点；监督学习算法如孤立森林和SVM（支持向量机），通过学习数据的正常行为模式来识别异常值。离群点检测的任务包括针对正常对象和离群点的有效建模、针对特定应用的离群点检测、处理噪声数据等。

（四）处理重复值

处理重复值也是数据清洗的重要环节。在数据集中，重复值可能会导致数据分析结果不准确或出现偏差，因此需要采取适当的方法进行处理。处理重复值的方法主要包括以下几种。

1. 删除

当数据集中的重复值较少且对整体数据分析影响不大时，可以直接删除这些重复值。

删除重复值可以通过数据清洗工具或编程语言中的相关函数实现，如Python中的drop_duplicates（ ）函数。

2. 保留

在某些情况下，重复值可能包含有用的信息，因此可以选择保留这些重复值。保留重复值时，可以通过添加额外的列或标签来区分这些重复的记录。

3. 聚合

当重复值较多且对数据分析有一定的影响时，可以考虑将重复值进行聚合处理。聚合重复值可以通过计算重复值的平均值、中位数、众数等统计量来实现，以代表这些重复值的整体特征。

在处理重复值时，需要根据数据集的具体情况和数据分析的需求来选择合适的方法。同时，需要注意保留数据中的重要信息和特征，以确保数据分析的准确性和可靠性。

（五）数据转换与数据标准化

数据转换与数据标准化是数据处理的重要步骤。数据转换的主要目的是改变数据结构、范围或分布，以便更好地进行分析和建模。常见的数据转换方法包括对数转换、平方根转换、倒数转换等。这些方法可以调整数据的范围和分布，使其更符合分析需求。

数据标准化则是将数据按比例缩放，使之落入一个较小的特定区间，以统一不同变量的取值范围，使比较更有意义，同时避免变量单位或尺度不一致导致的误差。常见的数据标准化方法包括均值（z-score）标准化和最小-最大（min-max）标准化。转换数据类型，如将分类数据转换为数值型数据，并进行标准化处理，可以便于后续的数据分析。

第二节
数据清洗的案例分析

本章清洗的数据为笔者在实际调研中获得的数据。数据清洗的内容涉及必录项及重要指标项空缺、指标值异常、指标项逻辑关系异常等。

一、指标项空缺

指标项空缺是指在变量下面有未填写的空格。这种空格一般是因为调研人员未访问受访者或没有得到相关问题的答复等。指标项空缺的常见情况就是有空格，如图4-1所示。

1245108	7	0	1	54	6	1	1	1	51	4
1245109	5		1	58	9	1	0	1	9.65	3
1245110	2	0	1	81	3		0	0	3.2	1
1245111	1	0	1	35	14	1	1	1	21	4
1245112	6	0	1	50	9	1	1	1	20	3
1245113	6	1	1	55	9	1	1	0	7	-2
1245114	5	2	1	60	6	1	1	0	14	-2
1245115	4	1	1	59	12	2		1	4	4
1245116	3	0	1	67	12	3	1	0	3	2
1245117	13	0	2	61	6	1	1		17.5	1
1245118	4	0	1	56	12	2	1		40	3
1245119	8	0	1	60	9	2	1		2	3
1245120	6	0	1	57	9	2	1		2	2
1245121	7	0	1	55	12	2	1		2.5	3
1245122	15	0	1	66	6	2	1	0	20	1
1245123	10	0	1	69	12	1	1	0	5	2
1245124	6		1	64	6	2	0	0	10	3
1245125	3	1	1	63	12	2	1	0	9.118	2
1245126	6	0	1	40	9	1	1	1	4.7	2

图4-1 指标项空缺的情况

要找到指标项空缺，就要在Excel中使用筛选功能（见图4-2）。数据筛选是根据需要找出符合特定条件的某类数据。

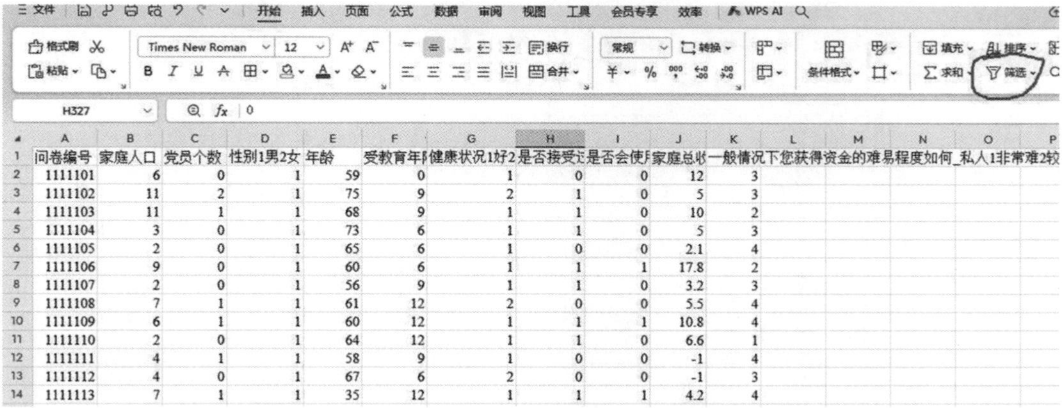

第四章　数据清洗

图4-2　筛选第一步

点击"筛选",所有变量会出现下拉符号,如图4-3所示。

图4-3　筛选第二步

以对年龄进行筛选为例,先点击"筛选",然后找到下拉符号,就可以找到空缺项,如图4-4所示。

处理指标项空缺的方法是,先找到原始问卷,对所清洗的项进行检查,找出出现问题的原因。若是录入员的问题,直接填入正确的数据;若是调查人员的问题,需要根据受访者留下的联系方式,进行回访,得到空白项的数据。如果回访不成功,则删除这个样本,切记不可胡乱编写。

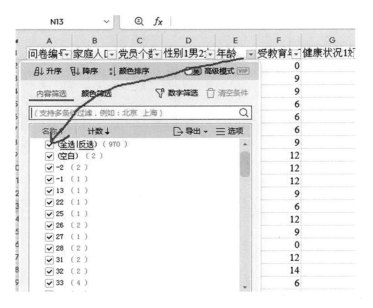

图 4-4　筛选的最后一步

二、指标项异常

指标项异常是指筛选后出现数据存在但不符合正常情况的选项。比如，某项问题只有 1 或 2 的答案，但是整理的数据中出现了 －1、0 或 3，这种情况就是指标项异常。如图 4-5 所示，性别指标项出现异常值，性别选项只有 1 和 2，但是在整个样本中，出现了 －2 和 0 的情况，此时 －2、0 为异常。之后根据与指标项空缺相似的方法进行查找，此处不再重复叙述。

图 4-5　指标项异常

在实际调查中，异常值还会出现如图4-6所示的情况。图中涉及的题目为：是否接受技术培训？选项为否=0、是=1。此时—2、—1、3、@@3、@@5均为异常值。在数据清洗过程中，需要对这些异常值进行处理。调研人员需要查阅原始问卷，进行修改。

图4-6 异常值

三、指标项逻辑关系异常

指标项逻辑关系异常指的是数据没有明显问题，通过对变量的筛选，不属于空缺值和异常值，但是放在具体环境中不符合实际情况。

图4-7显示了通过调研得到的样本值情况，涉及题目为调研年份的家庭总收入。图4-7中标注的数据有11600和31500，题目的单位为万元，家庭年收入过亿，但实际调研对象并不是大企业家，年收入不可能过亿，这可能是受访者在填写问卷的过程中没有注意单位。在实际处理的过程中，不可直接把11600和31500改成1.16和3.15，需要查阅原始问卷，对受访者进行回访，若是找不到受访者，需要删除该选项。对数据的处理不能按照主观意愿进行，而是要尊重客观事实，以保证数据的真实性。

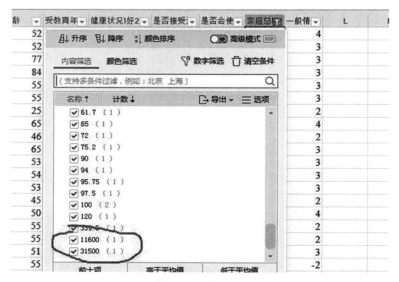

图4-7 指标项逻辑关系异常的情况

【练习题】

1. 简述数据清洗的定义。

2. 数据清洗的步骤有哪些？

3. 指标项空缺是什么？如何处理？

第五章 SPSS 介绍

第一节 SPSS的功能和应用

社会科学统计软件包的英文缩写是SPSS（Statistical Package for the Social Sciences）。1968年，美国斯坦福大学三位研究生开发出世界上最早的统计分析软件SPSS。早期的SPSS只能在大学或特定机构的大型计算机上运行。1975年，SPSS公司成立，总部设在美国芝加哥。1984年，SPSS公司推出世界上第一个可以在DOS上运行的统计分析软件的PC版本，即SPSS/PC+版。后来，其又相继推出支持Windows和Mac OS X等系统操作的版本，并不断扩展软件的功能和相关服务，形成了目前SPSS的基本面貌。随着SPSS产品服务领域的扩大和服务深度的增加，SPSS公司于2000年正式将英文全称更改为Statistical Product and Service Solutions（统计产品与服务解决方案）。2009年7月28日，SPSS公司被IBM收购，成为IBM SPSS Statistics。2023年SPSS的最新版本为28.0版，这个版本在功能和性能上都有了一些改进和提升。

作为一款统计分析软件，SPSS可以用于数据处理、数据分析和数据可视化。它提供了一系列统计分析工具，便于研究人员和分析师从数据中提取信息、发现模式，并根据相关信息做出决策。

一、SPSS的功能特点

（一）操作简便

SPSS采用图形化界面，用户不需要编写复杂的代码，通过拖放式操作即可轻松完成数据的前期处理、统计分析以及结果呈现。

（二）强大的数据处理能力

SPSS能够处理常规数据集及大数据环境下的复杂数据结构，支持多种数据格式导入，如文本文件、Excel表格、数据库等，使得数据准备工作更加便捷。用户可以通过SPSS进行数据清洗和缺失值处理，进行数据变量的转换和整合等操作，以获得更准确的分析结果。SPSS提供了从基本的描述性统计到复杂的多变量分析的一系列工具，能够满足不同领域的数据分析需求，且具有较高的准确性和可靠性。SPSS可以处理各种类型的数据，包括数值型数据、字符型数据、日期型数据等，并支持批量处理和自动计算。

（三）丰富的统计分析功能

SPSS提供了丰富的统计分析方法，包括描述性统计、推论性统计、多元统计分析等，可满足用户不同场景的数据分析需求。SPSS能够进行基础的数据录入、处理和管理，同时提供描述性统计分析，包括均值、方差、标准差等统计量的计算，以及数据的标准化处理。除了基础统计功能，SPSS还支持一系列高级统计分析方法，如T检验、方差分析、相关分析、回归分析等，能够满足用户从简单到复杂的各种分析需求。因其直观的用户界面和强大的数据处理能力，SPSS在学术研究、市场调研、医学统计等领域得到了广泛的应用，成为许多研究项目和教育课程的首选工具。

（四）数据挖掘与预测

SPSS是一款具备数据挖掘与预测功能的统计分析软件，适用于处理小数据集，可以通过多种数据挖掘技术发现数据中的隐藏模式和关系。SPSS 提供了聚类分析、决策树、关联规则等多种数据挖掘技术，用户可以通过简单的操作构建数据挖掘模型，并对数据集进行分析和预测。例如，聚类分析可以将数据分成不同的群体或类别，决策树可以用于表示不同决策路径的可能性和结果，而关联规则则用于发现数据项之间的关联性。但在大数据分析与预测方面，SPSS 的功能和算法库相对有限，可能无法满足处理海量数据的需求。此时，需要运用更加先进的技术和方法，如分布式计算、数据挖掘算法、机器学习模型等，来进行大数据的分析与预测。

（五）可视化展示

SPSS 是一款功能强大的统计分析软件，其在数据可视化方面同样表现出色。SPSS 提供了多种图表类型，如条形图、饼图、直方图、箱线图、茎叶图等，可以满足不同数据的可视化需求。通过 SPSS 的图表构建器，用户可以轻松创建和自定义图表，使得数据可视化更加灵活和便捷。在进行探索性分析时，SPSS 可以输出一系列图表，帮助用户更直观地了解数据的分布和特征。SPSS 还提供了数据清洗、数据处理等功能，为数据可视化提供了坚实的基础。

二、SPSS 的应用领域

（一）社会科学

社会科学领域的学者和研究人员常常使用 SPSS 来进行社会调查、心理学、教育学等方向的数据分析。

（二）医学研究

医学领域的专家和研究者利用 SPSS 进行临床试验、流行病学、病因学等方向的研究。

（三）商业决策

企业家和商业领袖利用SPSS进行市场研究、客户满意度、营销策略等方面的数据分析，以制定更加科学合理的商业决策。

（四）生物研究

生物学家和医学研究者利用SPSS进行基因组学、蛋白质组学、代谢组学等领域的研究，以揭示生物体内的微观规律。

（五）工程领域

工程师和科研人员利用SPSS进行数据分析，以优化产品设计，提高生产效率。

（六）市场研究

市场研究人员利用SPSS进行消费者行为研究，以及品牌定位、市场份额等方面的分析，为企业的市场战略提供有力支持。

第二节
SPSS的应用实践

一、启动SPSS

通常使用的SPSS的桌面图标如图5-1所示。

图5-1　SPSS的桌面图标

右键点击SPSS的桌面图标，出现菜单，如图5-2所示。点击"打开"，出现如图5-3所示的界面。

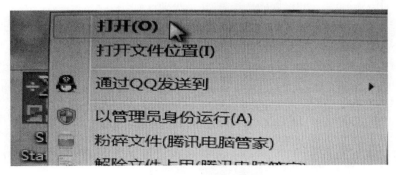

图5-2　SPSS的操作

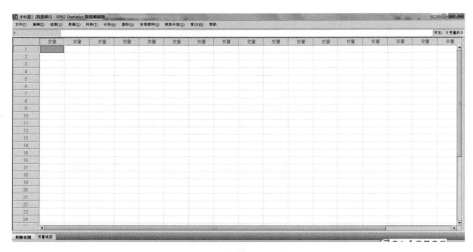

图5-3　SPSS的打开界面

SPSS界面左上方分别为文件、编辑、视图、数据、转换、分析、图形、实用程序、附加内容、窗口、帮助，SPSS界面的左下方为数据视图、变量视图，用户可以根据实际需要进行相关操作。

二、导入数据的方法

进行数据分析时需要导入数据，这里介绍三种把数据导入SPSS的方法。

第一种方法是直接打开以sav作为后缀的文件，如图5-4所示。

图5-4　接打开以sav作为后缀的文件

第二种方法是打开Excel，对所要导入的数据进行复制（ctrl+A），然后直接粘贴（ctrl+V）到SPSS界面，如图5-5所示。

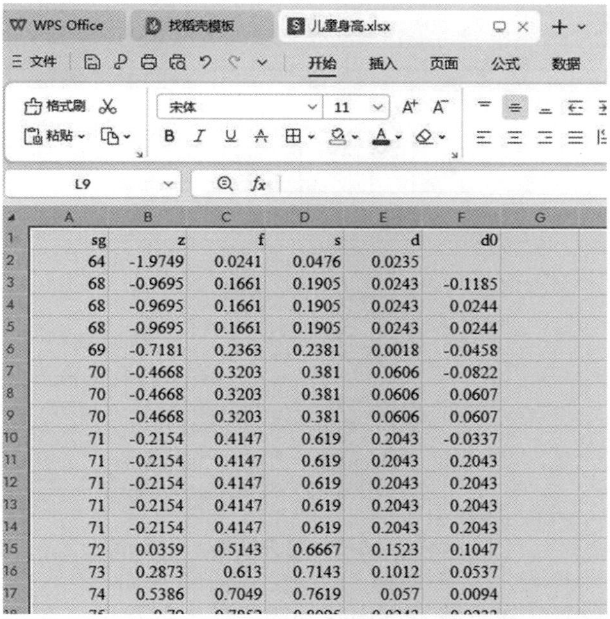

图5-5 对所要导入的数据进行复制粘贴

第三种方法是在SPSS界面中依次点击"文件"—"打开"—"数据",会出现sav格式,具体操作如图5-6和图5-7所示。

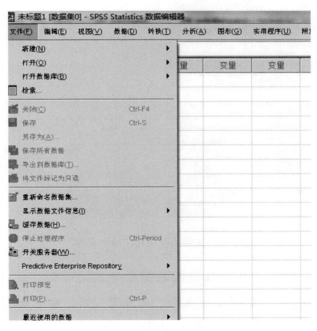

图5-6 找到SPSS界面中的文件,点击"打开"

图 5-7 打开数据

找到文件所在位置,在查找范围内找到需要导入的数据,在文件类型中选择文件类型,建议选取"所有文件",如图 5-8 所示。

图 5-8 文件类型中选"所有文件"

在 SPSS 中导入数据,如果 Excel 的数据要导入第一页,就直接点击"确定"(见图 5-9),如果 Excel 的数据要导入第二页或第三页,在工作表中选取所在的页码(见图 5-10)。

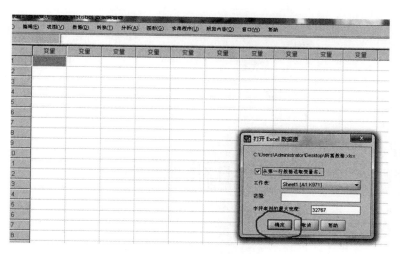

图 5-9　数据导入第一页

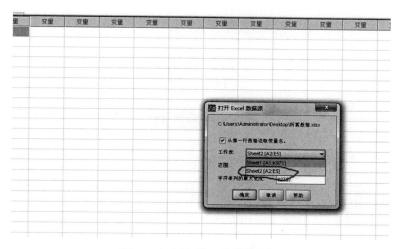

图 5-10　导入第二页或第三页

如此，文件就导入了 SPSS，之后可以按照实际需要进行操作。在操作中，通常会用到"数据""分析""图形"等，本书在后文会根据实际应用进行介绍。

【练习题】

1. 试着操作 SPSS。
2. SPSS 的作用有哪些？

第六章 数据分析和推断统计

第一节 数据分析

一、数据分析的定义

数据分析是把隐藏在一些看似杂乱无章的数据背后的信息提炼出来,总结出所研究对象的内在规律。在实际工作中,数据分析能够帮助管理者进行判断和决策,以便采取适当的策略与行动。比如,企业高管希望通过市场分析和调研,把握当前产品的市场动向,从而制订合理的产品研发和销售计划,这就必须依赖数据分析。

数据分析就是用适当的统计分析方法对收集的大量数据进行分析,为提取有用信息和形成结论而对数据加以详细研究和概括总结的过程。数据分析致力于最大限度地开发数据的功能,发挥数据的作用。数据分析包含加工和整理数据以及分析数据,从中提取有价值的信息并形成对业务有帮助的结论。数据分析有探索性数据分析和验证性数据分析两种。探索性数据分析可以帮助研究人员最大限度地获得对数据的直觉,探索数据的结构和规律，发现新的特征或模式。验证性数据分析验证已有假设的真伪，评估理论模型与数据的拟合度。数据分析的成果通常以数据分析报告的形式呈现。对于数据分析报告而言，分析就是论点，数据就是论据，两者缺一不可。

二、数据分析的类别

数据分析可以分为描述性统计、推断性统计、回归分析和因子分析。

（一）描述性统计

描述性统计专注于总结、组织和呈现数据，提供清晰、简洁的数据总结，帮助研究人员理解数据集的模式、趋势和分布，但不进行总体推断。描述性统计主要用于描述数据的基本特征，如均值、中位数、标准差等，以帮助研究人员快速了解数据的分布情况。这是数据分析的基础，常用于初步的数据探索和总结。

（二）推断性统计

推断性统计是一种利用样本数据来推断总体特征的统计方法。其基本思想在于，由于无法获得总体数据，因此需要从总体中选取有限的样本，并利用样本的特征来推断总体的特征。推断性统计基于样本数据推断总体特征的方法，包括假设检验、置信区间、方差分析等，它广泛应用于学术研究和实际工作。

（三）回归分析

回归分析是一种统计分析方法，用于确定两种或两种以上变量间相互依赖的定量关系。它利用数据统计原理，对大量统计数据进行数学处理，确定因变量与某些自变量的相关关系，建立一个相关性较好的回归方程（函数表达式），并加以外推，以预测之后的因变量变化。回归分析是研究变量之间关系的统计方法，包括线性回归、逻辑回归、多元回归等，它在经济学、社会学、医学等领域有广泛的应用。

（四）因子分析

因子分析是一种多元统计分析方法，也是一种降维和数据简化的统计方法，旨在从多个变量中提取几个具有代表性的潜在因子。这些因子能够反映原始变量的主要信息，并减少变量间的相关性问题。

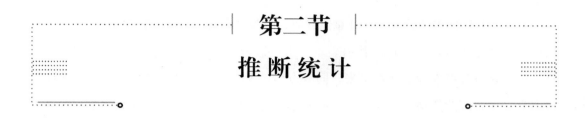

第二节 推断统计

一、推断统计的定义

推断统计是研究如何利用样本数据来推断总体特征的统计方法。比如，要了解某个地区的人口特征，不可能对每个人的特征进行测量；再如，对产品的质量进行检验，也不可能对每个产品进行测量。这就需要抽取部分个体即样本进行测量，然后根据获得的样本数据对所研究事物的总体特征进行推断，这就是推断统计要解决的问题。

推断统计就是用概率数据来估计某两组（或若干组）数据之间存在某种关系的可能性，并由样本特征来推断总体特征的统计方法。

市场营销研究一般不可能对所要研究的全部对象逐一进行考察，而是从总体中抽取一定的样本进行研究。例如，要了解某个地区的消费者特征，不可能对每个消费者的特征进行测量。

在研究设计中又常将被试按一定要求分为不同组别，以便于统计处理，这样就产生了由样本估计和推测总体等问题。

推断统计学允许人们利用有限的信息（样本）对总体得出结论，因此在很多领域发挥着重要的作用。

二、推断统计的内容

推断统计包括两方面的内容，即总体参数估计和假设检验。

（一）总体参数估计

从样本中获得一组数据后，如何通过这组数据，对总体特征进行估计，也就是如何由部分结果推论总体的情况,即称总体参数估计。总体参数估计可分为点估计和区间估计。

点估计是用样本统计量来估计总体参数,因为样本统计量为数轴上某一点的数值,所以估计的结果也以一个点的数值表示。由于这种估计是单个数值,总是存在误差,且这种误差也难以准确地计算出来,同时点估计无法指出对总体参数给予正确估计的概率有多大,因此点估计只能作为一种不精确的大致估计方法,更好的方法是对总体参数进行区间估计。

区间估计是根据样本统计量,利用抽样分布的原理,用概率表示总体参数可能落在某数值区间的推算方法。区间估计的种类有很多,主要有总体平均值的区间估计、总体百分数的区间估计、标准差和方差的区间估计、相关系数的区间估计等。

置信区间是指由样本估计量构造出的总体参数在一定置信水平下的估计区间。统计学家在某种程度上确信这个区间会包含真正的总体参数,所以称其为置信区间。如果用某种方法构造的所有区间中有95%的区间包含总体参数的真值,5%的区间不包含总体参数的真值,那么,用该方法构造的区间称为置信水平为95%的置信区间。同样,其他置信水平的区间也可以用类似的方式进行表述。

总体参数的真值是固定的,而用样本估计量构造的区间则是不固定的,因此置信区间是一个随机区间,它会因样本的不同而变化,而且不是所有的区间都包含总体参数。实际估计时往往只抽取一个样本,此时所构造的是与该样本相联系的一定置信水平(比如95%)下的置信区间。我们希望这个区间是大量包含总体参数真值的区间中的一个,但它也可能是少数几个不包含总体参数真值的区间中的一个。

抽取一个具体的样本,用该样本构造的区间是一个特定的常数区间,人们无法知道这个样本所产生的区间是否包含总体参数的真值,它可能是包含总体参数真值的区间中的一个,也可能是未包含总体参数真值的区间中的一个。一个特定区间总是"包含"或"绝对不包含"参数的真值,不存在"以多大的概率包含总体参数"的问题。置信水平只是告诉人们在多次估计得到的区间中大概有多少个区间包含了总体参数的真值,而不是针对所抽取的这个样本所构建的区间而言的。重复构造出的μ的20个置信区间如图6-1所示。

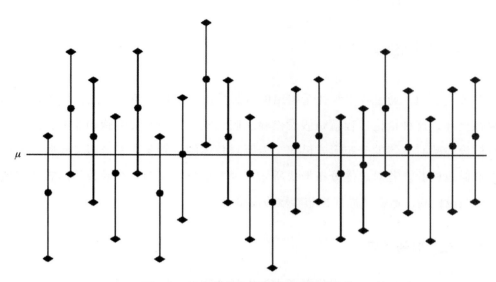

图6-1 重复构造出的μ的20个置信区间

当总体服从正态分布且σ^2已知时，或者总体非正态分布但为大样本时，样本均值$\bar{X}$的抽样分布均为正态分布，其数学期望为总体均值μ，方差为σ^2/n。而样本均值经过标准化后的随机变量服从标准正态分布，即

$$Z=\frac{\bar{X}-\mu}{\sigma/\sqrt{n}} \sim N(0,1) \tag{6-1}$$

总体均值μ在$1-\alpha$置信水平下的置信区间为：

$$\bar{X} \pm Z_{\alpha/2} \cdot \frac{\sigma}{\sqrt{n}} \tag{6-2}$$

式中，$\bar{X}-Z_{\alpha/2} \cdot \frac{\sigma}{\sqrt{n}}$为置信下限，$\bar{X}+Z_{\alpha/2} \cdot \frac{\sigma}{\sqrt{n}}$为置信上限；$\alpha$是事先所确定的一个概率值，也称风险值，它是总体均值不包括在置信区间内的概率；$Z_{\alpha/2}$是标准正态分布右侧面积为$\alpha/2$时的Z值；$Z_{\alpha/2} \cdot \frac{\sigma}{\sqrt{n}}$是估计总体均值时的估计误差。这就是说，总体均值的置信区间由两部分组成，即点估计值和描述估计量精度的±值。这个±值被称为估计误差。

如果总体服从正态分布但σ^2未知，或总体并不服从正态分布，但是在大样本条件下，式（6-1）中的总体方差σ^2就可以用样本方差s^2代替。

（二）假设检验

在统计学中，通过样本统计量得出的差异推出一般性结论，判断总体参数之间是否存在差异，这种推论过程就是假设检验。假设检验分为参数检验和非参数检验。若进行假设检验时总体的分布形式已知，需要对总体的位置参数进行假设检验，就称其为参数假设检验。若对总体分布形式所知甚少，需要对未知分布函数的形式及其他特征进行假设检验，通常就称其为非参数假设检验。

1. 假设检验的性质

第一，事先对总体参数或分布形式做出某种假设，然后利用样本信息来判断原假设是否成立。第二，有参数假设检验和非参数假设检验。第三，依据统计上的小概率原理，采用逻辑上的反证法。

2. 提出原假设和备择假设

（1）原假设

原假设（null hypothesis）是待检验的假设，又称"0假设"。研究者想收集证据予以反对的假设总是有符号=、≤或≥，表示为 H_0。$H_0:\mu=$ 某一数值。例如，$H_0:\mu=100$（克）。

（2）备择假设

备择假设是与原假设对立的假设，也称"研究假设"，研究者想收集证据予以支持的假设总是有符号≠、>或<，表示为 H_1。$H_1:\mu<$ 某一数值，或 $H_1:\mu>$ 某一数值。例如，$H_1:\mu<100$（克），或 $H_1:\mu>100$（克）。

3. 假设检验的流程

（1）提出假设

在提出假设之前，需要明确研究目的和想要探究的问题，明确研究中的自变量和因变量,以及它们之间的关系。根据研究目的和变量关系,提出具体的原假设和备择假设。确保假设明确、可检验,并且与研究目的紧密相关。在提出假设后,需要审视其合理性,确保其符合逻辑和实际情况。如果发现假设存在不合理之处,需要及时进行修改或调整。

(2) 确定适当的检验统计量

确定适当的检验统计量是假设检验流程中的关键步骤之一。检验统计量是用于量化样本数据与假设之间差异或关系的指标,其选择取决于数据的类型、分布以及所要检验的假设类型。常见的检验统计量有 Z 检验统计量、t 检验统计量、卡方(chi-square)检验统计量和 F 检验统计量。

(3) 规定显著性水平

显著性水平 α 也称弃真概率或第一类错误的概率,是指在原假设为真的情况下,拒绝原假设的概率。它反映了研究者对拒绝一个真原假设的容忍程度。规定显著性水平 α 有助于研究者控制假设检验的严格程度,避免错误地拒绝一个实际上为真的原假设。在统计学中,常用的显著性水平 α 值为 0.05 或 0.01。这意味着,如果原假设为真,研究者有 5% 或 1% 的概率会错误地拒绝它。选择哪个显著性水平取决于具体的研究领域、研究目的以及研究者对第一类错误的容忍程度。在一些需要更高精确度的领域,如医学或金融领域,可能会选择更低的 α 值。

(4) 计算检验统计量的值

计算检验统计量的值是假设检验流程中的核心环节,它涉及将数据和分析方法相结合,以量化样本信息与假设之间的差异或关联。首先,根据数据类型、分布特性以及所要检验的假设类型,确定使用哪种检验统计量。其次,要确保数据的准确性和完整性,根据需要进行清洗和预处理。再次,计算样本的均值、方差、标准差等描述性统计量,为后续检验统计量计算做好准备。最后,使用选定的检验统计量的公式,将样本数据代入公式进行计算。需要注意的是,公式中可能包含样本的均值、方差、样本量等元素,要确保其准确无误。

（5）做出统计决策

做出统计决策是假设检验流程的最后一步，它基于计算得出的检验统计量的值和相应的临界值或P值，来判断是否拒绝原假设。将计算得出的检验统计量的值与在选定显著性水平下的临界值进行比较。如果检验统计量落在拒绝域（即大于或小于临界值），则考虑拒绝原假设。P值表示在原假设为真的条件下，观察到当前样本数据或更极端数据的概率。如果P值小于或等于选定的显著性水平（如0.05），则通常拒绝原假设。基于检验统计量与临界值的比较或P值的大小，做出是否拒绝原假设的决策。如果拒绝原假设，则接受备择假设。根据统计决策，得出清晰的结论，说明是否拒绝原假设，并解释决策的依据。

4. 假设检验流程中的注意事项

（1）确定适当的检验统计量

检验统计量是用于假设检验决策的统计量。选择统计量的方法与参数估计相同，需要考虑是大样本还是小样本、总体方差是已知还是未知，以及检验统计量的基本形式。Z检验统计量的计算公式为：

$$Z = \frac{\bar{X} - \mu_0}{\sigma / \sqrt{n}} \tag{6-3}$$

在这个公式中，Z代表检验统计量，用于在假设检验中判断是否拒绝原假设。$\bar{X}$代表样本均值，即从总体中抽取的样本数据的平均值。μ_0是原假设中的总体均值。在进行假设检验时，我们通常先对总体均值做出一个假设，这个假设的值就是μ_0。σ代表总体标准差。它描述了总体中各个数据点相对于总体均值的离散程度。n代表样本容量，即从总体中抽取的样本中包含的数据点的数量。

（2）显著性水平

显著性水平是一个特定的概率值。原假设为真时，拒绝原假设的概率，被称为抽样分布的拒绝域，通常表示为α。常用的α值有0.01、0.05、0.10，由研究者事先确定。

（3）科学做出统计决策

计算检验的统计量，根据给定的显著性水平 α，得出相应的临界值 Z_α 或 $Z_{\alpha/2}$、t_α 或 $t_{\alpha/2}$；将检验统计量的值与 α 水平的临界值进行比较，得出拒绝或不拒绝原假设的结论。

5. 双侧检验与单侧检验

双侧检验属于决策中的假设检验，不论是拒绝 H_0 还是不拒绝 H_0，都必须采取相应的行动措施。例如，某种零件的尺寸，要求其平均长度为 10 厘米，大于或小于 10 厘米均属于不合格，我们想要证明（检验）大于或小于这两种可能性中的任何一种是否成立，建立的原假设与备择假设应为：$H_0: \mu=10$；$H_1: \mu \neq 10$。

双侧检验与单侧检验在实际问题中应设置的不同情况如表 6-1 所示。

表 6-1　双侧检验和单侧检验在实际问题中应设置的不同情况

假设	研究问题		
	双侧检验	左侧检验	右侧检验
H_0	$\mu=\mu_0$	$\mu \geq \mu_0$	$\mu \leq \mu_0$
H_1	$\mu \neq \mu_0$	$\mu < \mu_0$	$\mu > \mu_0$

【练习题】

1. 请简述数据分析的内涵。

2. 如何进行数据分类？

3. 阐述推断统计的含义及内容。

第七章 数据多元统计分析

多元统计分析是从经典统计学中衍生出来的一个分支，是一种综合分析方法，它能够在多个对象和多个指标相互关联的情况下分析它们的统计规律。数据多元统计分析主要内容包括相关性分析、线性回归分析、多元线性回归分析、方差分析、聚类分析、判别分析、多维标度分析和联合分析等。这里重点介绍相关性分析、线性回归分析和方差分析。

第一节 相关性分析

一、相关性分析的内容

1. 相关性分析的定义

相关性分析是对两个变量之间线性关系的描述与度量，它要解决的问题包括：变量之间是否存在关系；如果存在，它们之间是什么关系；变量之间的关系强度如何；样本所反映的变量之间的关系能否代表总体变量之间的关系。相关性分析对总体的假定为：两个变量之间是线性关系；两个变量都是随机变量。

2. 进行相关性分析的思路

绘制散点图来判断变量之间的关系形态。如果是线性关系，则可以利用相关系数来测量两个变量之间的关系强度，并对相关系数进行显著性检验，以判断样本所反映的关系能否代表两个变量总体上的关系。

3. 相关关系

变量之间存在的不确定的数量关系称为相关关系。一个变量的取值不能由另一个变量进行唯一确定，当变量 x 取某个值时，变量 y 的取值可能有几个。相关与回归分析正是探索与描述这类变量之间关系及规律的统计方法。

皮尔逊相关分析法衡量两个数据集是否在一条线上，衡量定距变量间的线性关系。所得到的相关系数的绝对值介于0～1之间，其数值的绝对值越大，说明两个变量越相关。相关系数的正负符号代表相关性方向：若系数为正，则表示两个变量正相关；若系数为负，则表明两个变量负相关。

二、相关性分析的案例

在利用SPSS对变量进行分析时，一般步骤为"分析—相关—双变量"。以笔者调研的数据为例，研究家庭人口和家庭总收入之间的关系。

首先，导入数据，如图7-1所示。

按照"分析—相关—双变量"操作，如图7-2和图7-3所示。

按照相关分析的操作步骤，下一步就是把"家庭人口"和"家庭总收入万元"变量放到变量框中，然后点击"确定"，结果如图7-4所示。

通过上述相关性分析，我们可以得出家庭人口与家庭总收入之间几乎没有相关性（相关性系数接近0）的结论，并且这种相关性在统计上不显著（显著性水平大于0.05）。

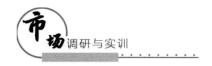

图7-1　导入数据

图7-2　相关分析的步骤

第七章 数据多元统计分析

图7-3 相关分析的步骤

相关性

		家庭人口	家庭总收入(万元)
家庭人口	Pearson相关性	1	−.017
	显著性（双侧）		.607
	N	969	969
家庭总收入(万元)	Pearson相关性	−.017	1
	显著性（双侧）	.607	
	N	969	970

图7-4 皮尔逊（Pearson）相关分析检验结果

第二节 线性回归分析

一、线性回归分析的内容

（一）函数关系

设有两个变量 x 和 y，变量 y 随变量 x 变化，且完全依赖于 x。当变量 x 取某个数值时，y 依据确定的关系取相应的值，则称 y 是 x 的函数，记为 $y=f(x)$。其中，x 为自变量，y 为因变量。

（二）有关概念

被预测或被解释的变量称为因变量，用 y 表示；用来预测或解释因变量的一个或多个变量称为自变量，用 x 表示。

当回归中只涉及一个自变量时，称为一元回归；若因变量 y 与自变量 x 之间为线性关系，则称为一元线性回归。

在回归分析中，假定自变量 x 是可控制的，而因变量 y 是随机的，但很多情况下并非如此。

回归分析是研究被解释变量（因变量）和解释变量（自变量）之间相关关系的一种统计方法，能够说明因素之间是否存在因果关系。

（三）回归模型

描述因变量 y 如何依赖于自变量 x 和误差项 ε 的方程称为回归模型。只涉及一个自变量的一元线性回归模型可表示为：

$$y = \beta_0 + \beta_1 x + \varepsilon \qquad (7-1)$$

在一元线性回归模型中，y 是 x 的线性函数（$\beta_0 + \beta_1 x$）加上误差项 ε。$\beta_0 + \beta_1 x$ 反映了由 x 的变化引起的 y 的线性变化；ε 是被称为误差项的随机变量，反映了除 x 和 y 之间的线性关系之外的随机因素对 y 的影响，是不能由 x 和 y 之间的线性关系来解释的变异性。式（7-1）中 β_0 和 β_1 为模型的参数。

图 7-5 展示了线性回归模型的核心概念，即通过自变量 x 来预测因变量 y 的值。

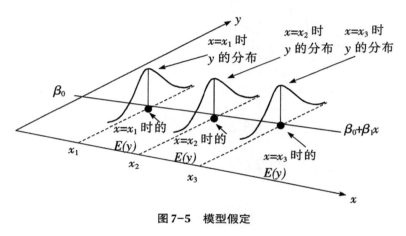

图 7-5　模型假定

（四）回归方程

描述因变量 y 的期望值如何依赖于自变量 x 的方程称为回归方程。一元线性回归方程的形式为：

$$E(y) = \beta_0 + \beta_1 x \qquad (7-2)$$

一元线性回归方程的图示是一条直线，因此也称直线回归方程。其中，β_0 是回归直线在 y 轴上的截距，即当 $x=0$ 时，y 的期望值；β_1 是直线的斜率，它表示 x 每变动一个单位时，y 的平均变动值。

（五）估计的回归方程

当用样本统计量 $\hat{\beta}_0$ 和 $\hat{\beta}_1$ 估计参数 β_0 和 β_1 时，就得到了估计的回归方程，它是根据样本数据得到的对回归模型的估计。一元线性回归模型的估计方程为：

$$\hat{y} = \hat{\beta}_0 + \hat{\beta}_1 x \qquad (7-3)$$

式（7-3）中，$\hat{\beta}_0$是估计的回归直线在y轴上的截距；$\hat{\beta}_1$是直线的斜率，也称回归系数，它表示x每改变一个单位，y的平均改变量。具体如图7-6所示。

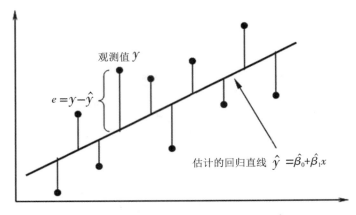

图7-6　估计回归方程

二、线性回归分析的案例

在SPSS中，线性回归分析所用的命令为"分析—回归—线性"。依然以家庭人口对家庭收入的影响为例进行分析，如图7-7所示。

图7-7　回归分析的步骤

点击"线性回归"进行分析，如图7-8所示。

图7-8 线性分析的步骤（1）

把因变量和自变量放到相应的位置。"家庭人口"为自变量，"家庭总收入万元"为因变量，操作步骤如图7-9所示，线性回归分析的结果如图7-10所示。

图7-9 线性分析的步骤（2）

输入/移去的变量 b

模型	输入的变量	移去的变量	方法
1	家庭人口 a		输入

a.已输入所有请求的变量。
b.因变量：家庭总收入万元。

模型汇总

模型	R	R方	调整R方	标准估计的误差
1	.017 a	.000	.000	1078.141

a.预测变量：（常量），家庭人口。

Anova b

模型		平方和	df	均方	F	Sig
1	回归	308273.926	1	308273.926	.265	.607 a
	残差	1.124E9	967	1162388.917		
	总计	1.124E9	968			

a.预测变量（常量），家庭人口。
b.因变量：家庭总收入万元。

系数 a

模型		非标准化系数		标准系数	t	Sig
		B	标准误差	试用版		
1	（常量）	89.917	78.114		1.151	.250
	家庭人口	−5.961	11.576	−.017	−.515	.607

a.因变量：家庭总收入万元。

图 7-10　线性回归分析的结果

第三节 方差分析

一、方差分析的内容

(一) 方差分析的性质

1. 检验多个总体均值是否相等

通过分析数据的误差,判断多个总体均值是否相等。

2. 分类型自变量对数值型因变量的影响

在研究中,常涉及一个或多个分类型自变量对数值型因变量产生影响的情形。当存在一个分类型自变量且具有两个或多个(k 个)处理水平或分类时,可运用方差分析这一统计方法,其目的在于检验多个总体均值之间是否存在显著差异。对于多个分类型自变量的情况,可以使用多元方差分析或考虑使用其他适当的统计方法,如回归分析。

3. 单因素方差分析和双因素方差分析

(1) 单因素方差分析

单因素方差分析用于比较三个或三个以上组别(或水平)间均值差异的显著性。它主要探究一个分类型自变量对数值型因变量的影响是否显著。通过比较多个总体均值,研究自变量与因变量的关系是否显著,适用于一个自变量下有一个以上组别(或水平)的情况。单因素方差分析将观测到的变异分解为组内变异和组间变异，通过计算统计量来比较这两种变异的大小，从而判断不同组别（或水平）的均值是否存在显著差异。

（2）双因素方差分析

双因素方差分析是一种统计方法，用于分析两个因素及其交互作用对指标的影响。双因素方差分析可以分为无交互作用的双因素方差分析和有交互作用的双因素方差分析。主效应是分析每个因素对响应变量的影响，忽视其他因素的影响。交互效应是两个因素共同影响响应变量的程度，即两个因素共同作用对响应变量产生的影响不同于它们单独作用对响应变量产生影响之和。双因素方差分析是单向方差分析的延伸，不仅评价各独立变量的主效应，还评价各独立变量之间的相互作用。

（二）误差

1. 随机误差

随机误差是在相同条件下，多次测量同一量时，大小和符号以不可预见的方式变化的误差，其研究在同一水平（总体）下，样本各观察值之间的差异。比如，同一行业下不同企业被投诉次数之间的差异，这种差异可以视为随机因素的影响，因此可以称为随机误差。

2. 系统误差

系统误差是指在相同条件下，多次测量同一量时，保持恒定或按特定规律变化的误差。比如，不同行业被投诉次数之间的差异可能是抽样的随机性造成的，也可能是行业本身造成的，后者是系统性因素造成的，因此可以称为系统误差。

（三）平方和

数据的误差用平方和来表示。进行方差分析时，需要考虑数据误差的来源。

1. 组内平方和

组内平方和是因素的同一水平下数据误差的平方和。比如，零售业被投诉次数的误差平方和只包含随机误差。

2. 组间平方和

组间平方和是因素的不同水平之间数据误差的平方和。比如，4个行业被投诉次数之间的误差平方和，既包括随机误差，也包括系统误差。

（四）组内均方

组内均方就是组内平方和除以相应的自由度。若原假设成立，组间均方与组内均方的数值就应该很接近，它们的比值就会接近于1。若原假设不成立，组间均方会大于组内均方，它们之间的比值就会大于1。当这个比值大到某种程度时，就可以说不同水平之间存在显著差异，即自变量对因变量有影响。

判断行业对投诉次数是否有显著影响，也就是检验被投诉次数的差异主要是由系统误差（行业不同所导致的系统性差异）引起还是由随机误差引起。如果是前者，则说明不同行业对投诉次数有显著影响。

（五）方差分析的基本假定

1. 每个总体都应服从正态分布

对于因素的每一个水平，其观测值都是来自服从正态分布总体的简单随机样本。比如，每个行业被投诉的次数必须服从正态分布。

2. 各个总体的方差必须相同

各组观测数据都是从具有相同方差的总体中抽取的。比如，4个行业被投诉次数的方差都相等。

3. 观测值是独立的

以不同城市的连锁酒店为例，我们关注各酒店在特定月份收到的顾客投诉数量这一观测值。假设我们研究北京、上海、广州和深圳这四座城市的同品牌连锁酒店。北京酒店的投诉数量与其自身管理水平密切相关，包括员工服务态度、客房清洁程度、设施设备维护状况等因素；上海酒店的投诉情况则由其自身独特的运营环境决定，如当地客源的消费习惯差异、周边竞争态势对服务质量的影响等；广州酒店的投诉数量主要与自身的营销策略、人员培训效果以及与当地文化习俗的融合程度相关；深圳酒店的投诉数量与自身的经营管理细节有关，如新兴科技应用于服务的效果、对商务与旅游客源需求的均衡把握等。

可以看出，北京酒店的投诉数量并不会直接左右上海、广州或深圳酒店的投诉数量，它们各自的投诉数据都是在自身独立的运营体系和市场环境下产生的，相互之间不存在内在、必然的因果联系，这就很好地诠释了观测值是独立的这一概念，即每个城市连锁酒店被投诉的次数与其他城市同品牌连锁酒店被投诉的次数相互独立，每个观测值都独立地反映了对应酒店自身的运营状况与顾客反馈情况。

二、方差分析的案例

方差分析常用来测试某一个控制变量的不同水平是否给观测变量带来了显著差异和变动。计算检验统计量的观测值和概率 P 值：SPSS自动计算 F 统计值，如果相伴概率 P 小于显著性水平 α，拒绝零假设，认为控制变量不同水平各总体均值有显著差异；反之则反，即没有差异。方差分析的步骤为"分析—比较均值—单因素（方差分析）"，这里以笔者调研数据为例进行分析。方差分析的步骤如图7-11至7-13所示，结果如图7-14所示。

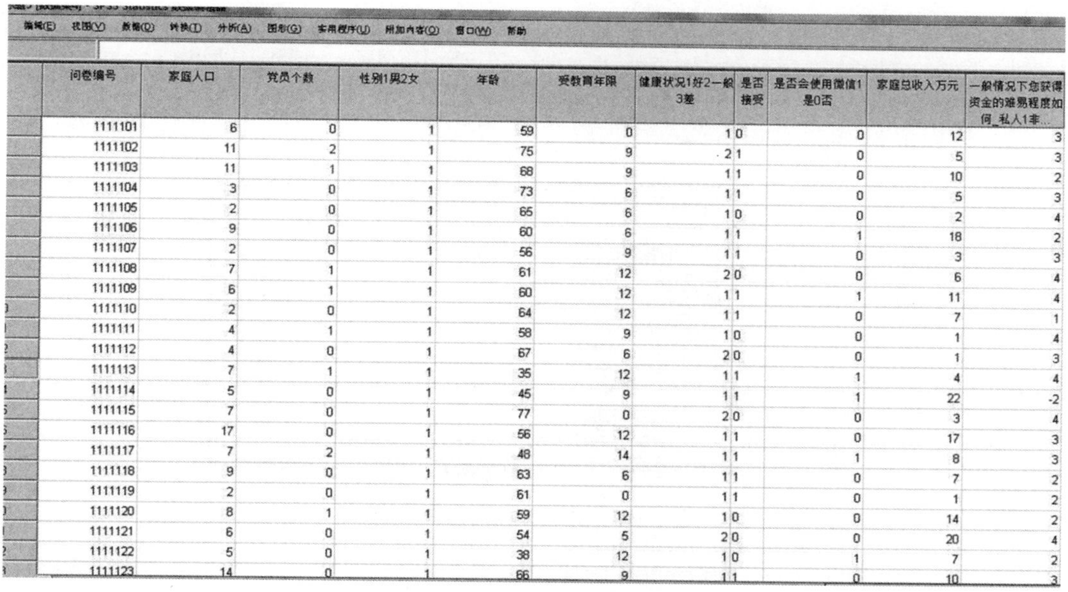

图 7-11 数据导入 SPSS

图 7-12 方差分析的步骤（1）

图7-13 方差分析的步骤（2）

ANOVA

家庭总收入万元

	平方和	df	均方	F	显著性
组间	4761102.892	20	238055.145	.202	1.000
组内	1.120E9	948	1180988.885		
总数	1.124E9	968			

图7-14 方差分析的结果

【练习题】

1. 说明相关分析的定义。

2. 方差分析是什么？

3. 用SPSS进行相关性分析。

第八章 调研报告

第一节 调研报告概述

一、调研报告的概念

调研报告与调查报告有所不同。调查报告是因为发生了某件事（如案件、事故、灾情）而去做调查，然后写出报告；调研报告的写作者必须自觉以研究为目的，根据社会或工作的需要，制订切实可行的调研计划，将被动的适应变为有计划的、积极主动的写作实践，从明确的追求出发，深入社会一线，不断了解新情况、新问题，有意识地探索和研究，这样才能写出有价值的调研报告。

调研报告的核心是实事求是地反映和分析客观事实，其主要包括两个部分：一是调查；二是研究。调查应深入实际，准确地反映客观事实，不凭主观想象，按事物的本来面目了解事物，认真地钻研材料。研究，即在掌握客观事实的基础上，认真分析，透彻地揭示事物的本质。通过严谨的调查与深入的研究，我们能够对所关注的问题有较为清晰的认知与判断，进而对解决问题的方向和思路有所思考。至于对策，调研报告中可以提出一些看法，但这不是主要的，因为对策的制定是一个深入的、复杂的、综合的研究过程，调研报告提出的对策是否被采纳，能否上升到政策层面，还要经过政策预评估。

调研报告是对整个调研工作，包括计划、实施、收集、整理等一系列过程的总结，是调研人员劳动与智慧的结晶，也是客户需要的最重要的书面结果之一。作为一种沟通和交流形式，调研报告的目的是将调查结果、战略性建议以及其他结果传递给管理人员或其他担任专门职务的人员。因此，认真撰写调研报告，准确分析调研结果，明确给出调研结论，是调研报告撰写者的责任。

二、撰写调研报告的角度

（一）宏观经济环境信息

1. 行业发展环境

基于PEST分析模型从政治法律环境、经济环境、社会文化环境和技术环境四个方面分析行业的发展环境，帮助企业了解行业发展环境现状及发展趋势。PEST分析模型是一种常用的行业发展环境分析工具，它能帮助企业全面审视外部环境对行业发展的影响。

（1）政治法律环境

政策的连续性和稳定性对行业发展至关重要。政策变动，如税收优惠、贸易政策、环保法规等，会直接影响企业的经营成本和市场准入。健全的法律法规体系为行业提供了公平竞争的环境，能够维护企业权益，同时也可能限制某些行业的发展，如环保法规对污染性行业的限制。国际贸易政策、关税变动、地缘政治紧张局势等都会影响跨国企业的运营和市场拓展。

（2）经济环境

经济增长率、失业率、通货膨胀率等宏观经济指标直接影响市场需求、消费者购买力及企业投资意愿。市场集中度、竞争格局、消费者行为变化等也影响着企业的市场定位和战略选择。货币政策、利率、信贷条件等金融因素决定了企业的融资成本和市场流动性，影响企业的投资决策。

（3）社会文化环境

年龄分布、教育水平、家庭结构的变化会影响市场需求偏好和消费模式。价值观、生活方式、消费习惯的变化引导着市场趋势，如健康意识的提升促进了健康产业的发展。社会安全、公众信任度、环保意识等社会因素也会影响企业的运营环境和品牌形象。

（4）技术环境

新技术的出现和应用速度决定了行业的变革速度，企业需要不断适应新技术以保持自身竞争力。数字化转型、大数据、人工智能等技术的发展深刻改变了商业模式和服务方式。专利制度、版权保护等法律环境的完善，可以鼓励技术创新，保护企业的研发成果。

可见，PEST分析模型能够帮助企业全面审视外部环境的复杂性和动态性，从而制定更加符合行业发展趋势的战略规划，有效应对挑战，抓住发展机遇。

2. 行业主要上下游产业供给与需求情况、主要原材料的价格变化

上游产业供给主要涉及原材料的采集和初加工，一般具备丰富的资源储备和高效的开采加工技术。下游产业需求受消费者及下游产业对产品的购买需求规模、议价能力和需求特征等影响。原材料价格变化受供需关系、生产成本、货币政策、财政政策、国际政治经济环境等多种因素影响，原材料价格的波动会直接影响依赖于这些原材料的行业，进而影响整个产业链的供给与需求平衡。

3. 行业的竞争格局和趋势、与国外企业在技术研发方面的差距、跨国公司在中国市场的投资布局

行业的竞争格局和趋势以及技术研发差距是行业分析中的关键要素，同时跨国公司在中国市场的投资布局也是重要的考量因素。行业规模和发展阶段直接影响竞争格局。规模巨大的市场吸引众多参与者，竞争激烈；行业增长稳定时，则比拼精细化运营。企业要结合行业特点，预见终局，分析自身存活概率和发展空间。国内外企业在

技术研发方面的差距也影响着行业的技术进步和创新能力，是评估行业竞争力的重要指标。跨国公司在中国市场的投资布局对行业影响重大，须关注其投资规模、领域和趋势，以及对中国市场的影响。

（二）微观市场环境分析

1. 行业当前的市场容量、市场规模、发展速度和竞争状况

随着人们生活节奏的加快和工作压力的增大，市场需求日益旺盛，市场规模逐年扩大。市场从线下发展到线上，形成了多元化市场格局。互联网的普及和社交媒体的发展使得市场潜力巨大，内容丰富多样，能够满足不同使用者的需求，推动了市场的快速发展。市场上各种服务形式丰富多样，竞争激烈。

2. 主要企业规模、财务状况、技术研发、营销状况、投资与并购情况、产品种类及市场占有情况

根据员工数量和资产规模，可以将企业规模划分为特大型、大型、中型、小型、微型。不同规模能够影响企业的管理模式和市场竞争力。财务状况重点考察ROE（净资产收益率）、负债情况、毛利率、净利率、固定资产比例、现金流等财务指标，以评估企业的财务健康状况和盈利能力。技术研发关注研发投入、研发率以及技术创新能力，这对于高科技或高附加值企业而言尤为重要。营销状况分析企业的营销策略、市场份额以及销售渠道的变化，以评估其市场影响力和拓展能力。投资与并购情况考察企业的投资活动、并购行为以及这些活动对企业发展的影响。产品种类及市场占有情况分析企业的产品线、主打产品的市场表现以及市场占有率，以了解其在行业中的竞争地位。

3. 客户需求分析

客户需求分析具体包括消费者及下游产业对产品的需求规模、议价能力和需求特征等。需求规模受消费者需求增长、购买行为多样化等因素影响。市场竞争激烈，消费者需求多样化，既推动了市场规模的增长，也给市场参与者带来了一定的议价压力，

要求企业注重产品的质量、功能和安全性。不同年龄、性别、地域和职业的消费者有不同的需求。

4. 产品市场情况

产品市场情况包括产品销售状况、需求状况、价格变化、技术研发状况、产品主要的销售渠道变化影响等。不同产品的市场表现受消费者需求、社会经济活动恢复程度及市场竞争格局等多种因素影响。例如，在当前消费市场动态变化且竞争愈发激烈的情境下，从近期的市场数据监测与分析来看，整体平均售价呈现承压态势。值得关注的是，部分品类却脱颖而出，例如高端巧克力以及功能性饮料等品类实现了显著增长。这一现象深刻反映出随着社会生活节奏的加快与消费场景的日益多元化，消费者在诸如休闲聚会场景下对高端巧克力所代表的高品质享受型产品需求攀升，在运动健身、户外出行等场景中则对功能性饮料这类兼具便捷性与功能性的产品青睐有加，鲜明地展现出消费者在不同场景下的差异化选择偏好以及市场不断细分的显著趋势，也为企业在产品定位与市场营销策略制定方面提供了极具价值的导向。企业不断投入研发资金以推动产品创新，满足消费者日益多样化的需求，使得技术研发成为市场竞争的重要环节。随着消费者行为的变化，线上渠道和新兴零售模式对产品销售的影响日益显著，企业要不断调整销售渠道策略以适应市场变化。

5. 重点区域市场

重点区域市场包括主要企业的重点分布区域、客户聚集区域、产业集群，以及产业地区投资迁移变化。长三角、珠三角地区，客户群庞大，市场活跃。京津冀地区同样为企业重点布局和客户聚集的重要区域。百强产业集群主要分布在江苏、浙江、广东等省份。重点城市为上海、苏州、广州、深圳等，它们成为产业发展的重要极点。随着政策推动，中西部地区逐渐成为产业投资的新热点，特别是在装备制造、新能源等领域，东部地区则更加注重智能制造、数字经济等高端产业的投资与发展。

（三）行业发展关键因素和发展预测

这主要包括：分析影响行业发展的主要敏感因素及影响力；预测行业未来五年的

发展趋势；分析该行业的进入机会及投资风险；为企业制定市场战略、预估行业风险提供参考。

三、调研报告的特点

（一）注重事实

调研报告注重事实，其通过调查得来的事实材料说明问题，用事实材料阐明观点、揭示规律，引出符合客观实际的结论。调研报告的基础是客观事实，一切分析研究都必须建立在事实基础之上，确凿的事实是调研报告的价值之所在。因此，尊重客观事实，用事实说话，是调研报告的最大特点。写入调研报告的材料必须真实无误，调研报告中涉及的时间、地点、事件经过、背景介绍、资料引用等都要求准确真实。一切材料均出之有据，不能听信道听途说。只有用事实说话，才能提供解决问题的经验和方法，研究的结论才有说服力。如果调研报告失去了真实性，也就失去了其赖以存在的科学价值和应用价值。

（二）论理性

调查报告的主要内容是事实，主要的表现手法是叙述，但其目的是从这些事实中提炼出观点，而观点是调研报告的灵魂。因此，占有大量材料，不一定就能写好调研报告，还需要把调研的资料加以分析综合，进而提炼出观点。对材料的研究，要在正确思想的指导下，用科学的方法经过"去粗取精、去伪存真、由此及彼、由表及里"的过程，从事物发展的不同阶段，找出起支配作用的、本质的东西，把握事物内在的规律，运用最能说明问题的材料并合理安排，做到既弄清事实，又说明观点。这就需要在叙述事实的基础上进行恰当的议论，表达主题思想。议论是调研报告的"画龙点睛"之笔。调研报告紧紧围绕事实进行议论，要求叙大于议，有叙有议，叙议结合。如果议大于叙，就成议论文了，所以既要防止只叙不议，观点不鲜明；也要防止空发议论，叙议脱节。夹叙夹议，是调研报告写作的主要特色。

（三）语言简洁

调研报告的语言简洁明快，这种文体是充足的材料加少量议论，不要求细致描述，只需要用简明朴素的语言报告客观情况。但由于调研报告也涉及可读性问题，所以，语言有时可以生动活泼，适当采用群众性的生动形象的语言。同时注意使用一些浅显生动的比喻，以增强说理的形象性和生动性，但前提必须是为说明问题服务。

四、调研报告的种类

（一）按服务对象划分

根据不同的服务对象，调研报告可分为市场需求者调研报告（消费者调研报告）和市场供应者调研报告（生产者调研报告）。消费者调研报告是通过系统收集、分析和解释有关消费者的信息，深入了解他们对产品或服务的需求、偏好、态度、满意度等方面的看法和反馈而撰写的书面报告。生产者调研报告是对为了满足加工制造等生产性需要而形成的市场（也称生产资料市场）进行深入调查与研究后，所撰写的反映客观规律、揭示问题并提出解决方案的书面报告。

（二）按调研范围划分

根据不同的调研范围，调研报告可分为区域性市场调研报告、全国性市场调研报告、国际性市场调研报告。区域性市场调研报告是一种针对特定地理区域市场状况进行详细调查和分析的书面报告。全国性市场调研报告是一种广泛覆盖中国各地区的综合性研究报告，旨在全面了解和分析特定行业或产品在全国范围内的市场状况、消费者行为、竞争格局、发展趋势等重要信息。国际性市场调研报告是以国际市场为对象，采用科学的方法，有计划、有目的地收集、整理、分析、研究，反映国际上各个国家的市场环境、市场信息和情报资料的一种报告。

（三）按调研频率划分

根据不同的调研频率，调研报告可分为经常性市场调研报告、定期性市场调研报告、临时性市场调研报告。经常性市场调研报告是一种针对特定市场或产品，进行长期、连续不断的市场调研后编写的报告。定期性市场调研报告是企业为了持续、系统地了解市场动态、消费者需求、竞争格局等信息，而定期（如每季度、每年度）进行市场调研后所编写的综合性报告。临时性市场调研报告是针对特定时期、特定事件或特定问题而进行的临时性市场调研后所编写的报告。

（四）按调研对象划分

根据不同的调研对象，调研报告可分为商品市场调研报告、房地产市场调研报告、金融市场调研报告等。商品市场调研报告是基于对特定商品的市场调查与研究，系统地收集、记录、整理、分析及研究市场各类信息资料后，所撰写的反映市场调研内容及工作过程，并提供调查结论和建议的书面报告。房地产市场调研报告，是基于对房地产市场的深入调研所撰写的反映市场状况、提供决策依据的书面文件。金融市场调研报告通常包括宏观经济分析、金融政策分析、市场行情分析等多个维度，全面反映金融市场的特点和发展趋势。它系统地收集、记录、整理及分析市场各类信息资料，揭示市场运行的规律、本质，为企业制定营销策略和做出决策提供科学依据。

第二节 调研报告的格式

调研报告一般包括标题和正文两部分。

一、标题

调研报告要用能揭示中心内容的标题。具体有以下几种。

1. 公文式标题

这类标题多数由事由和文种构成，平实沉稳，如"关于知识分子经济生活状况的调研报告"；也有一些由调研对象和"调查"二字组成，如"知识分子情况的调查"。

2. 一般文章式标题

这类标题直接揭示调研报告的中心内容，简洁明了，如"本市老年人各有所好"。

3. 提问式标题

提问式标题是调研报告常用的一种标题形式，如"'人情债'何时了"。这种标题具有较强的吸引力。

4. 正副题结合式标题

这也是调研报告中普遍使用的一种标题，特别是典型经验的调研报告和有关新事物的调研报告。正题揭示调研报告的思想意义，副题表明调研报告的事项和范围，如"深化厂务公开机制　创新思想政治工作方法——关于珠海车辆深化厂务公开制度的调查"。

二、正文

调研报告的正文包括前言、主体和结尾三部分。

1. 前言

调研报告的前言简要地叙述为什么对这个问题（工作、事件、人物）进行调查，调查的时间、地点、对象、范围、经过及采用的方法，调查对象的基本情况、历史背景以及调查得出的结论等。这些方面的侧重点由撰写者根据调研目的来确定，不必面面俱到。

调研报告开头的方式有很多，可以采用设问方式引起读者兴趣，也可以开门见山，但一般要求紧扣主旨，为主体部分的详细说明做准备。前言部分使用的文字要简练，概括性要强。

2. 主体

这是调研报告的主干和核心，是引语的引申，是结论的依据。这部分主要写明事实的真相、收获、经验和教训，即介绍调研的主要内容是什么，以及为什么会是这样的。主体部分包括大量的材料，如人物、事件、问题、具体做法、困难障碍等，内容较多，所以要精心安排调研报告的层次，安排好结构，有步骤、有次序地表现主题。

调研报告中关于事实的叙述和议论主要写在主体部分，这也是充分表现主题的重要部分。一般来说，调研报告主体的结构有以下三种。

一是横式结构，即综合分析调查的内容，紧紧围绕主旨，按照不同的类别归纳为几个问题来写，每个问题可加上小标题。每个问题里还可以有若干个小问题。典型经验性质的调研报告多采用这种结构。这种结构的调研报告观点鲜明、中心突出。

二是纵式结构。这包括两种形式：一种是按调查事件的起因、发展和先后顺序进行叙述和议论，一般情况调研报告和揭露问题的调研报告多采用这种结构方式，便于读者对事物发展有深入且全面的了解；另一种是按成绩、原因、结论层层递进的方式安排结构，综合性质的调研报告多采用这种结构方式。

三是综合式结构。这种调研报告兼具横式结构和纵式结构的特点，在两者穿插配合的条件下组织安排材料。这种调研报告一般是在叙述和议论发展过程时采用纵式结构，而在写收获、认识和经验教训时采用横式结构。

调研报告的主体部分不论采取什么结构方式，都应做到先后有序、主次分明、详略得当、联系紧密、层层深入，以更好地表达主题。

3. 结尾

结尾是调研报告分析问题、得出结论、解决问题的必然结果。不同的调研报告的结尾各不相同。一般来说，调研报告的结尾有以下五种形式：对调研报告做归纳说明，总结主要观点，深化主题，以提高人们的认识；对事物发展做出展望，提出努力的方向，启发人们进一步探索；提出建议，供决策者参考；指出尚存在的问题或不足之处，并说明有待今后研究、解决；补充交代正文没有涉及而又值得重视的情况或问题。

总之，调研报告结尾要简洁有力，有话则长，无话则短，没有必要也可不写。

第三节 调研报告的撰写步骤

调研报告的撰写一般会经过以下五个步骤。

1. 确定主题

主题是调研报告的灵魂,主题的确定对调研报告的成败具有决定性意义。因此,确定调研报告主题要注意以下几点:调研报告主题应与调查主题一致;主题宜小、宜集中。

2. 取舍材料

对于经过统计分析与理论分析得到的系统完整的调研资料,在撰写调研报告时不可能也没必要都写进去,因此要进行取舍。那么,如何选择材料呢?

第一,选取与主题有关的材料,去掉与主题无关或关系不大的、次要的、非本质的材料,使主题集中、鲜明、突出。

第二,注意材料点与面的结合,材料不仅要支持报告中某个观点,而且要相互支持,形成面上的"大气"。

第三,在现有有用的材料中,要比较、鉴别、精选材料,选择最好的材料来支持主题。

3. 布局和拟定提纲

布局和拟定提纲是调研报告构思中的关键环节。布局是调研报告的表现形式,它反映在提纲上就是"骨架"。拟定提纲的过程实际上就是把调查材料进一步分类,进行构架的过程。构架的原则是"围绕主题、层层进逼、环环相扣"。提纲的特点是具有内在逻辑性,要纲目分明、层次分明。

调研报告的提纲有两种形式：一种是观点式，即将调研人员在调研中形成的观点按逻辑关系一一列出来；另一种是条目式，即按层次意义上的章、节、目，逐一列出提纲。当然，也可以将这两种提纲形式结合起来使用。

4. 起草报告

这是调研报告撰写的行文阶段。撰写者要根据已经确定的主题、选好的材料和写作提纲，有条不紊地行文。写作过程中，要从实际需要出发选用语言，灵活地划分段落。在行文时需要注意以下要点。

第一，结构合理，注意标题、导语、正文、结尾、落款等方面的合理安排。

第二，文字规范，具有审美性与可读性。

第三，通读易懂。报告中的数字、图表、专业名词术语等要通俗易懂，语言要具有表现力，准确、鲜明、生动、朴实。

5. 修改报告

报告起草好以后，要认真修改，主要是对报告的主题、材料、结构、语言文字和标点符号进行检查，进行必要的增、删、改、调。完成这些工作之后，才能定稿向上报送或公开发表。

【练习题】

1. 阐述调研报告的含义。
2. 撰写调研报告的角度有哪些？
3. 试着写一份调研报告。

参考文献
Bibliography

[1] 张西华.市场调研与数据分析[M].2版.杭州：浙江大学出版社，2022.

[2] 陈凯.市场调研与分析[M].2版.北京：中国人民大学出版社，2021.

[3] 邱小平.市场调研与预测[M].4版.北京：机械工业出版社，2023.

[4] 吕筱萍.市场调研与预测[M].北京：科学出版社，2015.

[5] 李隽.市场调研与预测[M].2版.北京：清华大学出版社，2020.

[6] 陈启杰.市场调研与预测[M].3版.上海：上海财经大学出版社，2008.

[7] 杨维忠，张甜.SPSS统计分析入门与应用精解[M].北京：清华大学出版社，2022.

[8] 张文彤.SPSS统计分析基础教程[M].3版.北京：高等教育出版社，2017.

[9] 吴明隆.问卷统计分析实务——SPSS操作与应用[M].重庆：重庆大学出版社，2010.

[10] 涂平.市场营销研究：方法与应用[M].4版.北京：北京大学出版社，2022.